Collection dirigée par
Sophie Moirand
Professeur à l'université
de la Sorbonne Nouvelle

AMBASSADE DE
Avec les
compliments
du B.C.L.E.
FRANCE

Gisela
Baumgratz-Gangl

Compétence
transculturelle
et échanges
éducatifs

Traduit de l'allemand par Daniel Malbert

NOT TO BE
TAKEN AWAY

HACHETTE F.L.E.
58, rue Jean-Bleuzen
92178 Vanves

COMME FORMATION

Collection dirigée par Sophie Moirand

SÉRIE F RÉFÉRENCES

Des points de vue synthétiques sur l'état des recherches dans un domaine précis de la didactique des langues ou des sciences du langage.

- *Besoins langagiers et objectifs d'apprentissage* (Richterich)
- *Compétence transculturelle et échanges éducatifs* (Baumgratz – Gangl)
- *Dictionnaire de didactique des langues* (Coste, Galisson)
- *Discours et enseignement du français* (Moirand, Peytard)
- *Les Écrits en situation d'apprentissage* (Pery – Woodley)
- *Enseigner à communiquer en langue étrangère* (Moirand)
- *Enseigner une culture étrangère* (Zarate)
- *Le français langue seconde* (Cuq)
- *Langue et littérature* (Adam)
- *Lexicologie et enseignement des langues* (Galisson)

SÉRIE F AUTOFORMATION

Des moyens pour s'autoformer et des idées d'activités pour la classe.

- *Entrées en littérature* (Goldenstein)
- *Évaluer les apprentissages* (Lussier)
- *Une grammaire des textes et des dialogues* (Moirand)
- *Lectures interactives en langue étrangère* (Cicurel)
- *Manuel d'autoformation* (Bertocchini, Costanzo)
- *Prononcer les mots du français* (Wioland)
- *Utiliser la vidéo en classe de langue* (Compte)

SÉRIE F LE FRANÇAIS DANS LE MONDE RECHERCHES ET APPLICATIONS

- *Acquisition et utilisation d'une langue étrangère*
- *Les Auto-apprentissages*
- *Enseignements et apprentissages précoces des langues*
- *Lexiques*
- *Publics spécifiques et communication spécialisée*

Et aussi, dans la collection *Le français dans le monde* / B.E.L.C.
- *Jeux et activités communicatives dans la classe de langue* (Weiss)
- *Exercices systématiques de prononciation française* (B.E.L.C./Léon) - Trois cassettes disponibles.
- *Jeu, langage et créativité* (B.E.L.C./Carré, Debyser)

ISBN 2 01 017481 X
© Ferdinand Schöningh 1990, Paderborn.
© Hachette 1993, 79, boulevard Saint-Germain – F 75006 PARIS
Tous droits de traduction, de reproduction et d'adaptation réservés pour tous pays.

SOMMAIRE

AVANT-PROPOS

Le présent ouvrage s'inscrit dans le prolongement théorique d'une série de projets visant à intégrer la «civilisation» à l'enseignement du français en République fédérale allemande (projets réalisés entre 1978 et 1986 à l'Institut franco-allemand de Ludwigsburg et au Centre d'information et de recherche sur l'Allemagne contemporaine de Paris [CIRAC], grâce au soutien de la Fondation Robert Bosch de Stuttgart).

Les modules pédagogiques issus de ce travail, mis en pratique dans différentes régions d'Allemagne et dans des établissements scolaires de types différents, ont été depuis publiés aux éditions Ferdinand Schöning de Paderborn, dans la collection *Unterrichtskonzepte Französisch Sekundarstufe I und II* :
– *Être français - Rester breton. À la recherche de l'identité culturelle*, d'Adelheid Schumann ;
– *Le Languedoc Roussillon. Une région face à l'Europe*, de Günther Ammon, Ulrike Bense, Wilma Melde, Marei Wendt, Manfred Zamzov ;
– *Vivre l'école*, de Christian Alix, Freimut Bahmann, Gisela Baumgratz, Jean-Pierre Béchaz, Dietmund Bezler, Magda Schrade ;
– *La Jeunesse face à l'enseignement. Le système éducatif entre sélection et démocratisation*, de Wilma Melde.

Dans le cadre de la formation permanente des professeurs, une équipe s'est chargée de conduire à Paris un projet expérimental : *les Voyages d'études dans une perspective de communication transnationale*, réalisé avec des élèves de terminale du lycée de Freiburg-Haslach. Un film documentaire accompagné d'un livret retrace cette expérience et met en évidence les aspects méthodiques d'un voyage d'étude productif qui amène les élèves et les professeurs à aborder Paris comme un lieu de travail et à y faire des expériences qui n'ont rien de « touristique ». La cassette vidéo présente en outre les deux films réalisés séparément par les élèves et par les professeurs[1].

Sans prétendre proposer un cursus de français langue étrangère complet, l'ensemble de ces modules présente néanmoins les démarches essentielles qui permettent de relier l'acquisition de compétences à la fois linguistiques et culturelles, au collège comme au lycée. Ils ont, en outre, pour ambition d'articuler l'enseignement piloté des langues vivantes en classe à une utilisation pratique de la langue dans le contexte socioculturel du pays cible au moyen de situations d'échange et de voyages d'études. L'apprentissage des langues vivantes se trouve ainsi insérée à des situations d'emploi dans le pays cible, qui deviennent des occasions d'un apprentissage pratique. À terme, ces situations débouchent sur des objectifs précis de formation qu'il faudrait intégrer à tout cursus d'apprentissage transculturel : former aux situations d'échanges scolaires (expérience abordée dans *Vivre l'école*), à l'expérience du touriste (point de départ du module *Le Languedoc Roussillon. Une région face à l'Europe* et *Être français - Rester breton. À la recherche de l'identité culturelle*), ou à la situation toute simple du citoyen européen confronté aux systèmes institutionnels des pays voisins dès la suppression des frontières en 1993 (dans *La Jeunesse face à l'enseignement. Le Système éducatif entre sélection et démocratisation*).

Le travail sur les modules pédagogiques nous a en outre révélé qu'il était impossible d'élaborer un corpus de matériel pédagogique et une méthode d'exploitation en classe sans s'intéresser à la liaison nécessaire entre acquisition linguistique, perception de l'étranger et utilisation des connaissances en situation. C'est la raison pour laquelle on trouvera ici une réflexion théorique, appuyée sur des données scientifiques empruntées à plusieurs disciplines : il est apparu de plus en plus clairement que les méthodes didactiques traditionnelles étaient le plus souvent difficilement compatibles

---

[1] On pourra se procurer la cassette et son livret d'accompagnement auprès du Deutsches Institut für Internationale Pädagogische Forschung, (DIPF), à Francfort sous le titre : *Paris - Kenn ich schon.*

avec la direction que nous souhaitions donner à l'acquisition des langues vivantes.

Objectifs du présent travail

Ainsi que nous l'avons annoncé plus haut, les formulations théoriques proposées ici s'inscrivent dans un modèle de couplage entre théorie et pratique. C'est pourquoi leur source première est le travail sur les modules pédagogiques, et non la discussion théorique de la didactique de cette discipline.

Le présent texte a pour objectif d'apporter une contribution à la discussion scientifique sur l'acquisition et l'emploi des langues vivantes dans la perspective d'une **communication transnationale et transculturelle**. Un module tel que *Vivre l'école* peut être lu comme la concrétisation de l'approche que nous poursuivons. C'est pourquoi cet ouvrage voudrait rassembler les hypothèses développées dans *Vivre l'école* mais aussi dans d'autres modules appartenant à la même collection, puisées dans des domaines qui ont jusqu'à présent été peu exploités dans la recherche sur l'enseignement des langues vivantes, afin de mettre en corrélation les objectifs suivants :

• La création d'une conception directrice pour la politique de formation. Celle-ci prend en compte les exigences de **mobilité** imposées par la société aux individus, qui doivent se doter des capacités de les utiliser de manière individuelle et productive, c'est-à-dire de les transformer en chances de développement personnel. Le concept de **mobilité** détermine des exigences de qualification qui portent sur l'élargissement de la capacité de communication des individus par-delà les frontières nationales, culturelles et linguistiques (voir 2e partie).

• Les fondements théoriques d'un apprentissage des langues vivantes appuyé sur leur utilisation dans des situations réelles de communication à l'extérieur de la classe, conceptualisées en tant que situations d'apprentissage.

Les données de la psychologie soviétique (du langage, de la pensée et de la conscience), qui traitent de la fonction de la langue (maternelle) et de la communication dans la formation cognitive en partant du principe que l'acquisition de toute langue nouvelle se bâtit sur la compétence linguistique et sur le niveau de conscience actuel, ainsi que les données de la psychologie polonaise, qui met en lumière l'influence des émotions, sont appliquées aux problèmes afférents à la perception d'une réalité nationale, sociale et culturelle différente. On ne met donc pas seulement en relation deux langues (maternelle et étrangère), mais aussi des concepts, des systèmes conceptuels, des «modèles du monde» (l'expression est empruntée à Obuchowski), acquis dans les processus de **socialisation** guidés ou libres en langue maternelle et qui doivent être appliqués à une réalité et à des modes de comportement étrangers (voir 3e partie).

• Une étude comparative des conditions d'existence dans deux sociétés. Celle-ci doit, pour être exploitable dans une perspective de communication transculturelle, soumettre le concept d'«**équivalence fonctionnelle**», emprunté à la théorie des systèmes, à la question de la valeur et de la reconnaissance sociale et culturelle dans deux sociétés différentes. Ces analyses socioculturelles des équivalences fonctionnelles facilitent la détermination des contenus, des objets et des méthodes d'acquisition, et définissent des orientations pour l'emploi d'une langue étrangère et pour la confrontation avec une réalité étrangère et avec des étrangers. Cela est particulièrement important pour tout ce qui touche le règlement des relations humaines dans la famille, à l'école et au travail et les règles du jeu social et de la promotion des intérêts particuliers (voir à ce propos la 3e partie).

• L'intégration de l'acquisition et de l'emploi des langues vivantes dans un concept de **socialisation** qui tienne compte aussi bien du développement et de l'épanouissement de la personnalité que du progrès de la démocratie et de la coopération transnationale et transculturelle, comme de la cohabitation dans des sociétés pluriculturelles.

• L'intégration de stratégies analytiques et évaluatives de **perception de l'étranger** à une progression méthodique de l'acquisition des langues vivantes. La représentation de la situation cible par un corpus de documents écrits, iconographiques et audiovisuels est rattachée, par le biais de «tâches complexes», aux exigences de réception et de production mais aussi de ce qu'on appelle «l'agir communicatif», qui nécessitent une relation explicite entre savoir et agir dans une situation de communication transculturelle (voir 3e partie).

Vers une « mobilité active »

Les objectifs en matière de politique de formation et de socialisation que nous présentons ici élargissent le domaine de l'enseignement des langues étrangères : *l'acquisition et l'emploi* des langues vivantes sont intégrés à un concept global de compétence communicative. Ils s'appuient sur des principes démocratiques et sur des exigences en matière de droits de l'homme qu'ils doivent contribuer à diffuser dans la pratique. *La qualification en langues vivantes* préfigure ainsi une *qualification générale à la connaissance d'autres cultures.* Elle devrait aider l'individu à s'orienter dans un environnement changeant, à s'affirmer en tant que personnalité et à s'engager dans un effort d'amélioration des conditions d'existence de chacun et d'humanisation de la société qui dépasse le cadre restreint de son propre état d'origine, de sa nation ou de son ethnie particulière. *La qualification en langue vivante deviendrait ainsi l'un des attributs d'une « mobilité active ».*

Le processus d'acquisition n'est lui-même qu'un élément d'un processus de socialisation plus général qui aurait pour règle de prendre l'état cognitif et la compétence communicative dans la langue maternelle pour point de départ de l'acquisition et de son investissement dans des situations réelles. Par principe, ce processus d'acquisition est ouvert. L'enjeu de l'enseignement des langues vivantes dans des conditions institutionnelles (à l'école, par exemple) serait de préparer les individus à adopter les attitudes pertinentes en leur permettant d'acquérir les bases cognitives qui seront transposables aux situations réelles de l'existence et aux processus d'apprentissage pratique. Car, à l'évidence, l'individu se définit fondamentalement comme un apprenant dans chaque situation. Les scénarios destinés à permettre l'acquisition d'une compétence linguistique et communicative devraient donc toujours envisager l'application pratique du savoir et des connaissances à la réalité.

C'est ce processus de socialisation ainsi que la réalisation des représentations de valeurs qui fondent ce qu'on pourrait appeler **l'éthique de la communication transculturelle** qui nous semblent menacés en leur principe par les tendances actuelles de l'évolution de la société.

Ressources de l'enseignement des langues et curriculum d'apprentissage

Pour que l'acquisition et l'emploi des langues vivantes débouchent sur l'acquisition de conceptions individuelles, de représentations de valeurs et de certaines stratégies d'action et d'orientation, toutes les occasions pratiques de réaliser des expériences significatives doivent être utilisées systématiquement. Il s'agira donc d'exploiter aussi bien l'expérience des élèves étrangers dans leur propre société que la présence de la langue cible dans leur propre environnement social. En outre, il faudra encourager et mettre systématiquement à profit les initiatives suivantes :
– les jumelages d'écoles et de classes
– l'échange pédagogique et la coopération transnationale sur des projets déterminés
– l'échange scolaire
– les voyages d'études

et à l'extérieur de l'école :
– les séjours d'études et les stages pratiques
– les séjours professionnels

Une utilisation systématique des activités scolaires et extra-scolaires implique cependant que ces occasions de pratique communicative et d'apprentissage expérimental soient conceptualisées et intégrées à une conception générale de l'apprentissage et de l'emploi des langues vivantes dans le cadre scolaire (que ce soit dans le cours ou à l'extérieur de la classe). Concrètement, un curriculum en langue vivante devrait tenir compte, du moins en partie, de la préparation, de la conduite et de l'exploitation de situations, telles que **l'échange scolaire** par exemple, qui font appel à des compétences capitales : développement conceptuel transculturel, formation de la perception de l'étranger, orientation dans des situations étrangères, familiarisation aux documents authentiques et surtout aux hommes d'une autre origine socioculturelle.

La situation, telle que nous la comprenons, est une constellation sociale complexe, qui ne se limite pas aux situations de parole ou de compréhension définies par les manuels. Celui ou celle qui a fait l'expérience des échanges sait très bien que, hormis nos exigences d'un apprentissage pratique, certaines conditions minimales doivent être rem-

plies pour que l'échange ne tourne pas à l'échec. **Les situations de communication transnationale** dignes de ce
nom ne vont pas de soi et ne se trouvent pas toutes faites.
Elles doivent au contraire être produites.

L'école devrait proposer par anticipation une image suffisamment variée de ce type de situation et de ses conditions
générales en mettant en lumière les capacités de réception et
d'articulation qu'elle exige. Cette situation représentée sous
une forme exploitable permettrait aux élèves de la saisir
comme un cadre d'action et de l'assimiler pas à pas sous
forme d'un exercice complexe.

Représentation des situations cibles dans l'enseignement

Textes authentiques et textes «produits»

Il n'y a contradiction entre ces deux propriétés des documents que si l'on réserve le concept «authentique» à des
textes/documents élaborés dans le pays cible à d'autres fins
que celles d'enseignement et si l'on considère que les textes
«produits» le sont à des fins purement didactiques, par
exemple pour illustrer un exemple grammatical ou pour
mettre en contexte l'emploi d'un matériau lexical précis.
Mais à partir du moment où l'on étend le concept de textes
«authentiques» aux documents qui bénéficient déjà des
«avantages du regard étranger», c'est-à-dire par exemple le
regard de jeunes Allemands sur la réalité française à laquelle
ils auront affaire, un texte «produit» peut aussi être considéré comme authentique[2]. Il en va de même des interviews,
dans lesquelles des élèves allemands posent des questions
sur la réalité française. Le fait de produire ou de provoquer
de tels documents, qui instaurent des relations transnationales et transculturelles (par exemple d'une culture d'élève à
une autre), devrait enrichir considérablement l'enseignement, parce que ces documents ne facilitent pas seulement
la découverte d'équivalences fonctionnelles, de thèmes de
conversation équivalents et la différenciation des concepts,
mais qu'ils permettent aussi d'acquérir des stratégies de

---

(2) C'est le cas du film tourné par des élèves allemands qui forme le point
de départ du module pédagogique *Vivre l'école*, lequel doit préparer aux
aspects essentiels d'un échange avec un collège français.

communication et de représentation propices à un échange (d'expériences) transculturel. Ces documents peuvent aussi thématiser des types de comportements qui seront importants dans une situation d'échange et transmettre des aperçus essentiels de la réalité à laquelle l'élève sera confronté lors de l'échange.

Matériels produits par l'élève

Les matériels résultant directement d'un échange dans le cadre de l'établissement scolaire ou de la classe sont plus utiles que n'importe quel manuel scolaire. C'est pourquoi on devra inciter les élèves au cours de l'échange à engranger sur place leurs expériences sous les formes les plus diverses possible afin que les documents deviennent les sources étudiées dans le cours, servant à préparer les échanges ultérieurs.

Le rôle du professeur serait alors de mettre en place les stratégies qui permettront de découvrir les lacunes et les déformations de la perception qui proviennent des manques situés au niveau de l'expérience et de son analyse conceptuelle par les élèves dans leur langue maternelle et dans leur propre contexte social. Il deviendrait alors possible de mettre en évidence l'aspect particulier de l'expérience et de toute l'organisation conceptuelle des élèves, étroitement liées à la situation et au contexte immédiat, qui les amène par exemple à établir les comparaisons à un mauvais niveau de généralisation, etc.

En termes de méthode, il s'agira d'élever l'expérience des élèves du niveau quotidien à un autre niveau : les élèves apprendront essentiellement à situer leur propre expérience du contexte local, socioculturellement limité, dans la réalité de la société de leur propre pays. Ils s'apercevront ainsi que la réalité de leur propre expérience peut être considérée et interprétée différemment, par des acteurs sociaux différents dans leur propre pays : comment sera perçue par exemple leur propre école par des élèves plus âgés ou par des étudiants, dans la perspective du professeur, de l'administration de l'établissement, des parents, de la commune, du ministère compétent, des institutions locales ou régionales, des médias, de la science, etc. Cette réalité peut enfin être perçue dans la perspective des correspondants étrangers, de l'école jumelée, des parents d'élèves, etc. Ici aussi se manifestent des différences d'interprétation qui peuvent sensibiliser les élèves aux problèmes de la perception de l'étranger.

Les séjours à l'étranger : des situations d'apprentissage pratique

Les séjours à l'étranger (échanges, voyages d'études, stages pratiques, etc.) devraient être considérés comme une partie intégrante d'un cursus d'apprentissage des langues vivantes, conçus et conceptualisés de manière à faciliter l'accès à la réalité étrangère, à intensifier la communication entre les personnes et à créer un large éventail de situations authentiques de communication. Ce travail, pour être vraiment profitable, devrait s'appuyer sur une approche thématique adaptée au lieu de séjour et déboucher sur la réalisation d'un produit.

La création d'une motivation à long terme pour l'apprentissage des langues est devenue l'un des enjeux majeurs, compte tenu des exigences de plus en plus pressantes en qualification en langues vivantes après l'école. Cela suppose aussi que les préjugés traditionnels, chez certains professeurs aussi bien que chez les parents, sur les différences de valeur entre les langues étrangères soient combattus et que l'attitude du public envers l'apprentissage des langues soit adaptée à la réalité.

La situation actuelle confère à la **formation continue des professeurs de langues vivantes** une importance capitale. Le cadre défini par les programmes européens (tels que LINGUA[3], dans lequel cette dimension joue un rôle central), rend plus que jamais nécessaire de développer chez les professeurs eux-mêmes la capacité à s'investir de manière autonome dans les situations complexes du pays cible. Ici aussi un effort s'impose pour atteindre des objectifs ambitieux et pour éviter les expériences décevantes et une politique d'échanges qui risquerait de se limiter au « tourisme ».

---

(3) Voir les informations sur les programmes européens à la fin de la 4e partie de cet ouvrage.

I

La compétence transculturelle : un enjeu européen et international

La pensée utopique est un impératif dès qu'il est question de formation : car l'homme, porteur d'une valeur d'avenir pour l'humanité, est loin d'être advenu. Croire à l'homme est déjà une profession de foi utopique au vu des expériences que chacun peut faire de soi-même et de ses contemporains.

Hans-Jochen Gamm[1]

1

Réalité ou utopie

Dans les conditions institutionnelles actuelles, l'objectif d'une «compétence communicative transnationale et transculturelle» reste une utopie pour toute politique de l'enseignement des langues vivantes. Il s'agit donc pour l'institution scolaire d'anticiper une capacité qui est, si l'on s'en tient à la définition de l'utopie présentée par Ernst Bloch[(2)], du domaine des possibilités de l'évolution humaine mais qui peut, suivant les conditions sociales, être mise en valeur ou rester inexploitée et ignorée. Les droits de l'homme devraient être la norme obligatoire et fonder l'éthique d'une véritable politique éducative, dont l'apprentissage des langues vivantes est une dimension privilégiée. Si nous voulons intégrer à une politique de formation en langues les valeurs induites par les droits de l'homme[(3)], il sera indispensable d'identifier ce qui, dans les conditions sociales actuelles, fait obstacle à la réalisation de cette politique.

Notre démarche s'articule autour des catégories fondamentales de **sujet** et de **personnalité**. C'est dire que nous entendons les individus vivant et agissant dans les conditions présentes et que nous devons les rendre capables de transformer ces conditions, au lieu de les subir avec résignation,

---

1) Hans-Jochen Gamm, 1983, p. 172.

(2) Ernst Bloch, *Das Prinzip Hoffnung*, 1959, p. 166.

(3) *Il est impossible d'expliquer en toute rigueur scientifique la genèse historique et les présupposés matériels des droits de l'homme, comme de tous les autres systèmes d'orientation. Leur survie dans l'avenir n'est pas davantage assurée. En tout cas, les droits de l'homme ne sont pas une conquête de l'humanité allant de soi et éternelle. [...] Ils ne s'imposent pas, pour ainsi dire naturellement, là où des processus de modernisation modifient les anciennes conditions d'existence; les droits de l'homme doivent être conquis de haute lutte et défendus par les individus et surtout par les groupes sociaux, les peuples et les classes.* Oelmüller 1981, p. 432.

comme c'est encore trop souvent le cas[4], afin d'instaurer la convivialité indispensable à nos sociétés multiculturelles.

Consciente que les relations entre les sociétés, mais aussi entre les États, sont marquées par des rapports de pouvoir et de domination, nous étendons l'exigence de démocratisation, de liberté et d'autodétermination[5], contenue dans le concept de « citoyen émancipé », aux relations internationales et aux relations à l'égard des étrangers à l'intérieur d'une société. Notre objectif pédagogique serait de contribuer activement à l'établissement de la paix intérieure et extérieure[6]. Il suffirait en fait de concrétiser les normes éthiques de vie commune largement formulées dans les constitutions démocratiques ainsi que dans de nombreux accords internationaux.

Mais nous devrons rechercher les facteurs psychologiques et sociologiques, trop souvent négligés jusqu'ici, qui influencent le comportement des enseignants et des apprenants en langues étrangères dans notre société. Le « facteur subjectif » doit être convenablement pris en compte pour parvenir à transformer les conditions sociales, car il ne suffit pas de com-

---

(4) Nous rejoignons ici l'éthique scientifique énoncée par Horst von Gizycki : *Pour expliquer ce débat, le plus simple est de l'illustrer par la différence entre « constatation » et « production » de la réalité. Une psychologie sociale innovante devra opposer aux phénomènes empiriques de la conscience, c'est-à-dire les désirs, les intérêts ou les mentalités tels qu'ils sont constatés par la psychologie sociale dominante à travers les sondages et les autres types d'enquêtes, les formes de réalisation possibles de notre être, celles qui sont en gestation. [...] Le rapport entre empirie et théorie, propre à la psychologie empirique traditionnelle, s'élargit ainsi au rapport entre théorie et pratique. À la réalité préexistante que cette psychologie traditionnelle constate, c'est-à-dire aussi fixe et arrête, correspond la réalité à produire ou à découvrir qu'une psychologie innovante, alliée à d'autres sciences sociales, projette et qu'elle aide à réaliser. Elle devient donc en un certain sens elle-même pratique.* (Horst von Gizycki, 1981, p. 639.)

(5) Sur le concept de « démocratisation » et son importance dans l'éducation et l'école, cf. : Leo Roth 1980, pp. 89-96, article « Démocratisation ».

(6) *En poussant la simplification, on pourrait dire que la Révolution française à proprement parler est encore en cours; ses trois exigences célèbres sont encore loin d'être réalisées, et je voudrais tenter ici de démontrer en quoi la « fraternité », jusqu'à présent la plus négligée des trois, peut être un point d'ancrage prometteur pour des programmes d'innovation sociale.* (Horst von Gizycki 1981, p. 639.)

parer des structures institutionnelles abstraites et des rapports de domination. La centration sur les sujets agissants, dont les apprenants font partie, présente en outre l'avantage de montrer de manière évidente en quoi l'apprentissage d'une ou de plusieurs langues étrangères peut favoriser l'acquisition d'une compétence communicative transculturelle. Il ne suffit pas d'ajouter à un enseignement «traditionnel» de la langue étrangère un savoir sur d'autres pays et leurs coutumes (ce que les «cultural studies»[7] ont par exemple tenté de faire en Grande-Bretagne), sans tenir compte du rôle de la langue dans la constitution des concepts et de leur signification. Notre travail consistera au contraire à élaborer des approches préparant les élèves à la pratique de la langue étrangère dans un environnement étranger.

---

(7) Dans la définition de la culture de Williams (cf. Raymond Williams : *Culture and Society*, Penguin 1961), le langage revêt l'importance d'un «mode de vie global». Or, c'est précisément cette habitude de définir la culture comme un «effort descriptif vital», comme une «manière de voir les choses et les relations», qui a, en un certain sens, entravé le développement d'une étude théorique spécifique du langage et des pratiques signifiantes dans le domaine des études culturelles (*cultural studies*). Une telle étude s'attacherait à la manière dont la signification est construite et communiquée.

2

Compétence communicative transnationale et transculturelle

On serait en droit de se demander pourquoi nous n'avons pas retenu les adjectifs «international» et «interculturel», nettement plus courants, pour désigner cette compétence à communiquer et à agir dans une langue étrangère : l'emploi de l'adjectif «international» fait abstraction du contexte national et culturel, en désignant les relations entre les sociétés et les institutions supranationales.

L'adjectif «interculturel» est, lui, issu du contexte de l'enseignement des langues étrangères pour les immigrés. Bien que la théorie de la communication interculturelle nous ait fourni d'intéressantes études[8], la capacité à un agir communicatif par-delà les frontières dépasse l'objectif d'une simple intégration dans une société étrangère.

La capacité de l'individu à se mouvoir dans un monde internationalisé dépend en grande partie des influences socialisatrices subies dans son propre contexte national et socioculturel. Dans une société organisée sous la forme d'un État national, les relations envers sa propre histoire et envers les autres États dans le contexte international relèvent d'une conscience collective latente ou manifeste, lisible

---

(8) Voir aussi la présentation des différentes études, *in* Auernheimer 1988, pp. 13-23 (Chapitre I : «Culture et identité dans les conceptions pédagogiques»).

dans l'image officielle ou officieuse que la société donne d'elle-même, et qui se communique – avec de multiples variantes – aux individus particuliers.

Cette conscience détermine le rapport aux étrangers et à l'étranger en général et devient encore plus sensible dès qu'on aborde le rapport envers les cultures extra-euro-péennes. Elle ne peut que peser sur les processus d'apprentissage dans leur ensemble.

2.1. Se former à une mobilité intellectuelle

S'ouvrir à l'autre sans perdre son identité permet de maintenir la référence à la position de l'élève apprenant une langue étrangère dans le contexte national à l'intérieur duquel il continuera de vivre dans la plupart des cas. Grâce à l'apprentissage de la langue étrangère, l'individu se voit offrir une chance pour que cette position ne devienne pas la frontière de sa perception et de sa pensée, l'horizon borné de sa conscience, ou même simplement la référence absolue de ses jugements et de ses actions (tendance qui débouche sur l'ethnocentrisme, voire sur un certain «eurocentrisme»). Il pourra au contraire percevoir son appartenance à des groupes plus larges qui tendent vers l'humanité dans son ensemble.

C'est pourquoi le terme «interculturel», très employé de nos jours, devrait, dans le contexte de l'acquisition des langues étrangères, être remplacé par l'adjectif «transcultu-rel», par analogie avec le terme anglais *cross-cultural*.

2.2. Personnalité et société : un rapport dialectique

La notion de transculturel renvoie à une conception dialectique de la relation entre personnalité et société (culture)[9]. Cette conception est issue de la recherche en civilisation comparée de Liegle, qui définit quatre critères d'analyse auxquels nous emprunterons les principes directeurs d'une pédagogie de l'enseignement des langues étrangères, laquelle devra :
– reconnaître la multiplicité interculturelle des possibilités de développement de la personnalité et de la relation entre personnalité et société ;
– prendre en considération les processus d'évolution et l'ensemble des éléments biographiques des individus, en particulier à l'âge adulte, pour se doter d'une capacité d'action différenciée ;
– tenir compte des situations et des conditions d'environnement «naturelles» qui forment le contexte socioculturel des représentations et des modes de comportement ;
– analyser les processus de socialisation en fonction des objectifs transculturels généraux de l'éducation et de l'évolution humaine (voir ci-dessous).

Tout l'intérêt de la recherche comparatiste est d'analyser les similitudes et les différences dans le développement de la personnalité dans le contexte de systèmes culturels dont la genèse est historique ; c'est pourquoi toute connaissance déduite de la

---

(9) *À la suite de E. B. Tyler on fait de la culture «ce tout complexe, qui renferme les connaissances, les croyances, les arts, les mœurs, les habitudes, et toutes sortes de capacités et d'activités dont l'homme fait l'acquisition en tant que membre d'une société». Une définition aussi englobante fait abstraction des nombreuses différenciations du concept de culture dans les différentes sciences et écoles scientifiques et se réfère à un «ensemble de conditions sociales du comportement» transmis de génération en génération sous forme de convictions et de valeurs, par la langue et d'autres systèmes symboliques, par les institutions et les règles. Le concept de culture recoupe de multiples manières celui de société en tant que système le plus large de cohabitation humaine. La culture ne peut être dissociée d'une société qui la porte, et la société ne peut survivre sans reprendre et transmettre la culture dans la suite des générations.* (Liegle 1980, p. 198).

recherche comparatiste doit partir de connaissances sur la cohérence de sa propre culture et de sa propre société, voire les prendre pour arrière-plan de sa réflexion. Dans ces conditions, la recherche comparatiste en socialisation peut contribuer à :

– diffuser les connaissances sur les lois et la détermination sociale du développement de la personnalité;

– vérifier les hypothèses touchant l'interaction entre culture et personnalité et les théories implicites de la personnalité;

– inciter les individus à prendre une distance critique envers leurs propres expériences de socialisation et leurs conditions socioculturelles;

– enrayer les opinions et les préjugés ethnocentristes (par exemple sur les autres peuples, sur les stéréotypes touchant le rôle de chaque sexe, etc.) et éveiller la tolérance envers l'altérité ainsi que l'intérêt pour l'entente internationale;

– encourager la recherche de nouvelles solutions, par exemple dans le domaine de l'univers éducatif et de sa planification;

– aider la recherche, voire même la production communicative, d'environnements créateurs d'identité. (Liegle 1980, p. 221)

3

Enseigner les langues dans la société actuelle

La légitimation pédagogique et formative de l'enseignement des langues étrangères s'inscrit toujours dans un contexte historique et social qui tient compte à la fois des évolutions internes d'une société et de l'histoire des relations qu'elle entretient avec les autres sociétés (États, nations), les entités supra-étatiques ou les coalitions, les blocs de puissance, les blocs économiques et les communautés culturelles.

La formulation des objectifs pédagogiques de l'enseignement des langues étrangères a toujours été guidée par les schémas d'interprétation sociaux dominants. On se rappelle comment, par le passé, l'enseignement des langues étrangères, au lieu de servir l'entente avec des hommes d'autres pays et cultures, s'assignait pour mission d'appréhender et de mettre à profit les faiblesses des adversaires réels ou potentiels[10].

Cette tradition est loin d'avoir disparu. Si l'on prend le cas de la République fédérale d'Allemagne, cette attitude s'est transposée du domaine militaire à celui de l'économie, ainsi que l'a montré Herbert Christ en relevant quelques exemples typiques de formulations aux relents impérialistes :

La République fédérale est l'un des géants économiques majeurs du monde, en tout cas la plus grande puissance économique en Europe. Qu'il s'agisse de passer des contrats ou de conclure des alliances entre entreprises, presque tous les partenaires internationaux de l'Allemagne, y compris ceux

---

(10) En citant Apelt 1967, H.-M. Bock rappelle à quel point dans l'entre-deux-guerres l'enseignement de la géographie et de la culture, qui faisaient partie de la formation des professeurs de français, se mettait «au service du nationalisme et de l'encouragement de visées impérialistes». (Bock 1974, p. 14).

*des pays de l'espace francophone, ne sauraient contester sa
position dominante sur le plan des échanges mondiaux.
Dans la concurrence pour les marchés internationaux, ils
sont en position d'infériorité par rapport à la République
fédérale. Ce qui revient à dire qu'ils ont intérêt à parler allemand, ou à l'apprendre. Ce n'est pas au partenaire le plus
fort d'employer la langue du plus faible, mais l'inverse* [11].

Même si l'on s'en tient aux critères d'une concurrence
purement économique, cette conception est démodée et elle
n'est même plus représentée dans le domaine anglo-saxon.
Négocier dans la langue du client : telle est aujourd'hui la
devise du management international, ainsi que l'ont montré
David Liston et Nigel Reeves : *Il est de l'intérêt de notre
commerce extérieur que l'enseignement des langues
apprenne à maîtriser des situations réelles : parcourir
un pays étranger, résoudre des problèmes quotidiens,
rencontrer des personnes et découvrir leurs intérêts* [12].
Par ailleurs, les conflits avec les travailleurs étrangers attirés
par l'expansion économique vers les sociétés occidentales,
sans qu'on se soucie de leur langue, de leur identité nationale et culturelle, se sont accentués ces dernières années à
un tel point qu'il devient urgent de rechercher des solutions
permettant d'assurer une coexistence pacifique entre
diverses communautés à l'intérieur du pays d'accueil.

La naissance d'un nouvel espace social par l'ouverture du
Grand Marché intérieur ainsi que les événements qui ont bou-
leversé l'ordre politique, économique et social dans les pays
de l'Europe de l'Est et de l'Europe centrale ont créé de nouvelles conditions de coexistence à l'intérieur de nos sociétés
européennes, à l'Ouest en particulier. L'immigration des ressortissants des pays de l'Europe centrale et de l'Europe de
l'Est ne manquera pas de soulever de nouveaux problèmes.

---

(11) Christ 1980, p.101.

(12) David Liston, Nigel Reeves : *Business Studies, Languages and Overseas Trade*. 1985, p. 29.

3.1. Une alternative aux valeurs dominantes

Ernst Oldemeyer dresse un «catalogue d'alternatives» mettant en parallèle *différentes valeurs d'orientation et principes normatifs qui rivalisent aujourd'hui dans la conscience des hommes percevant les symptômes de la crise culturelle, et entre lesquels s'amorce une réévaluation* (Oldemeyer 1981, pp. 603 – 605).

Dans le domaine des relations entre États, il désigne les alternatives suivantes :

• Systèmes de normes et de valeurs aujourd'hui dominants :
– une inégalité supposée de droits et de valeurs entre des entités culturelles différentes et un «impérialisme cognitif» qui se traduit en ethnocentrisme mettant en valeur une culture dominante.
– il n'y aurait pour toute résolution ultime des conflits qu'une solution violente qui ferait appel à des potentiels militaires et politiques qui désignent des boucs émissaires ou des ennemis extérieurs.

• Systèmes de normes et de valeurs alternatifs :
– reconnaissance de l'égalité de droits et de valeur de toutes les entités culturelles : «respect cognitif» envers des systèmes de pensée et de valeurs non familiers (des entités culturelles non occidentales par exemple) ;
– solution des conflits pacifique par principe, prête au compromis, sans menace de violence.

Si l'enseignement public a pour mission d'assurer la survie des individus dans un monde en mutation et d'assurer aux ressortissants de différentes nationalités et cultures des conditions de coexistence dignes, il devra en priorité redéfinir ces concepts entérinés dans de nombreux accords internationaux, mais affadis par un emploi excessif dans les discours de circonstances, tels que «compréhension entre les peuples», «cohabitation pacifique», «lutte contre la discrimination, l'oppression et l'exploitation». Il lui faudra aborder ces concepts de manière critique et les charger d'un contenu concret.

Le concept général de la compréhension entre les peuples devient une pure fiction dès qu'il fait abstraction des rapports de puissance réels ; sans compter que le simple fait de confondre implicitement peuple et individu, ou d'identifier les «peuples» avec leur gouvernement peut paraître largement suspect, alors que seuls des individus peuvent se comprendre.

3.2. Promouvoir le principe de solidarité

Les valeurs liées aux droits de l'homme et à la dignité humaine, en tant que norme universelle des relations entre les hommes, deviennent aussi pertinentes au niveau des objectifs scolaires et ne relèvent pas seulement du répertoire des vœux pieux d'une société guidée par les impératifs de la rationalité économique. Mais l'ambivalence qui caractérise les sociétés industrielles occidentales entrave la promotion de ces valeurs dans le contexte scolaire : le primat de l'économique dans l'opinion publique entraîne une large domination du principe de concurrence sur le principe de solidarité. Dans le domaine économico-social, Ernst Oldemeyer oppose «principe de concurrence» et «principe de solidarité».

- Principe dominant de concurrence :
– «primat de la rivalité» (les relations humaines sont dominées par une tendance à la différenciation pour/contre)
– primat d'un égoïsme individuel, de groupe et de société
– stimulation de la performance par l'intéressement, les règlements, le contrôle et la compétition
– émancipation qui passe obligatoirement par l'accession à des structures existantes (par exemple l'émancipation de la femme, orientée sur le modèle masculin).

- Principe de solidarité :
– primat de la fraternité (tendance à une attitude de partenariat dans les relations humaines)
– primat du mutualisme (principe de l'aide réciproque)

– stimulation de la performance par le plaisir de faire un travail intéressant et par une émulation sans autoritarisme hiérarchique

– émancipation conçue comme un épanouissement autonome (par exemple émancipation féminine fondée sur des valeurs autonomes [Oldemeyer, 1981, p. 605]). On pourrait citer ici l'exemple de la lutte du tiers-monde pour s'émanciper de la tutelle des États industriels du Nord et des anciennes puissances coloniales, par la recherche d'une voie originale, ou les mouvements régionalistes en Europe, qui témoignent également de cette lutte contre l'aliénation, contre le centralisme, et contre la perte de l'identité culturelle qui caractérise les sociétés industrielles dans leur ensemble.

Comme le dit Oldemeyer, en résumant un sentiment largement partagé, l'unité culturelle, en dépit de toutes les protestations et de tous nos efforts, souffre de la perte en crédibilité et en force normative d'une partie importante des valeurs.

> *L'observateur attentif ne manquera pas de percevoir les indices d'une remise en cause de l'ordre de préférence actuel entre ces valeurs (et quelques autres). Les tendances à une réorientation révèlent la prise de conscience que la persistance de modes d'action et de pensée guidés par certaines valeurs (en particulier les valeurs résultant du principe économique d'accumulation) conduira à des perturbations grandissantes de l'équilibre dynamique des processus économiques, écologiques, sociaux et psychosomatiques.* (Oldemeyer, 1981, p. 608)

En ce qui concerne le rapport aux étrangers et à l'étranger, qui reste notre préoccupation première, il faut craindre que le système de valeurs destiné à orienter l'action ne soit supplanté par la force obscure du préjugé raciste. C'est sans doute parce que les affects, nés de la peur de voir menacés la sécurité matérielle et le statut social, n'obéissent plus au contrôle de valeurs fortes et intériorisées que les excès racistes sont si inquiétants[13].

_____

(13) Parallèlement au développement des mouvements néo-nazis et aux progrès électoraux des partis d'extrême droite en Allemagne, la montée en puissance du Front National de Jean-Marie Le Pen lors des élections présidentielles de juin 1988 et des récentes législatives partielles fournit aussi des motifs d'inquiétude.

3.3. Préparer l'Europe

Dans la perspective de la constitution d'un marché intérieur européen, ces questions prennent une actualité brûlante pour les politiques de formation :

> *La création d'une Europe qui soit aussi celle des citoyens
> signifie la promotion de l'idée européenne, de la civilisation
> et de la culture de nos peuples. [...] Nous sommes favorables
> au pluralisme. Nous voulons conserver différentes formes
> d'organisation et d'expression de la société.[...] C'est un fait
> que nous vivons dans une communauté avec neuf langues
> officielles. La Commission ne peut pas ignorer cette réalité,
> comme elle ne peut pas ignorer qu'il y a à peu près quarante
> dialectes ou langues régionales dans la Communauté. La
> conservation des langues nationales et régionales est une
> expression de l'identité culturelle de nos pays. Une connais-
> sance de plusieurs langues de la part des jeunes Européens
> augmenterait la mobilité des personnes, renforcerait la
> connaissance réciproque de nos peuples et la connaissance
> de la part de chacun des problèmes de l'autre[14].*

On comprend mieux pourquoi l'apprentissage des langues étrangères et les conditions socioculturelles qui permettront la mobilité en Europe sont aujourd'hui au cœur des
préoccupations de l'opinion publique[15].

Des programmes européens tels qu'ERASMUS, COMETT et
surtout LINGUA (voir IV 2.3.) servent à favoriser la mobilité
des étudiants, des professeurs, et des professionnels, ainsi
que la formation, initiale et continue, des professeurs de
langues vivantes. Ils doivent à terme inciter à la collaboration interuniversitaire et entre les universités et les entreprises en Europe. Leur mise en œuvre a enfin fait prendre
conscience aux professeurs et à l'opinion publique de **la**

---

(14) Extraits d'une interview de Mme Papandreou, commissaire européen
chargé de la formation. Propos recueillis par Philippe Lemaître. *Le Monde*,
Campus/Europe, 2 mars 1989, p. III.

(15) Cf. Baumgratz-Gangl en collaboration avec Nathalie Deyson : *la mobilité
des étudiants en Europe. Conditions linguistiques et socio-culturelles.
Studie für die EG-Kommission*, Luxembourg : Office des publications
officielles des communautés européennes, 1989, 140 p. (Édition anglaise en
préparation.)

mission éducative de l'enseignement des langues étrangères, et de la dimension socioculturelle de la communication et de la coopération.

Aujourd'hui, les nouvelles conditions sociales et une conscience accrue de la part du public et des acteurs favorisent une meilleure prise en compte de la dimension comparative dans l'acquisition des langues étrangères et des implications socioculturelles qui président à l'emploi des langues étrangères dans différents contextes.

4

Enseignement des langues et développement d'une compétence communicative

L'enseignement scolaire des langues vivantes peut apporter un concours significatif à l'amélioration de la communication transnationale et transculturelle si l'on parvient à intéresser les élèves à d'autres hommes, à leurs sentiments, leurs habitudes, leurs désirs, leurs conditions d'existence. Il est indispensable de leur apprendre à les concevoir comme autant d'énigmes, dont la solution est passionnante et riche d'enseignements, au lieu de les classer de manière bureaucratique au mépris des hommes et en faisant abstraction de toute relation humaine vivante.

Seule une mission pédagogique claire, dont l'intérêt premier est de faire atteindre et – autant que possible – de faire vivre, par l'acquisition des langues étrangères, une bonne disposition envers les hommes d'autres pays, pourra aider à empêcher que cette chance se trouve elle aussi sacrifiée aux lois de la raison instrumentale qui soumet l'acquisition des langues étrangères, comme l'acquisition de tout autre savoir, au dessein de duper l'autre, c'est-à-dire le concurrent sur le marché (du travail), et à accepter avec résignation la situation donnée.

4.1. Des disciplines en nombre limité

Les nouvelles demandes de la société et le besoin des individus de survivre de manière satisfaisante dans une société hautement complexe, et de trouver des possibilités de réalisation pour leurs propres exigences de bonheur légitimes, doivent être d'abord prises en charge par les disciplines existantes. Les langues étrangères dans le domaine scolaire sont naturellement concernées. La situation internationale héritée de la Seconde Guerre mondiale explique en grande partie la prédominance de l'anglais dans l'enseignement des langues vivantes, que ce soit en Allemagne et en France, ou dans les autres États d'Europe occidentale, où il a pris la fonction d'une qualification fondamentale en langue étrangère. L'anglais est ainsi la première langue vivante choisie par les élèves en Allemagne (à l'exception de la Sarre) et en France, tandis que le français en Allemagne, l'allemand et l'espagnol en France n'arrivent qu'en deuxième ou troisième position. Ni le Traité franco-allemand, ni les accords de Hambourg n'y ont rien changé. La position actuelle du français en Allemagne est déterminée de manière décisive par sa fonction de sélection pour l'enseignement supérieur, largement responsable de sa réputation de langue difficile. Comme l'allemand en France, le français remplace le latin dans les lycées modernes; on lui prête une valeur formatrice particulière, assez dissuasive auprès des familles dont le niveau de formation est le plus faible; elles lui associent l'idée d'un statut social hors d'atteinte[16].

---

(16) Cf. Baumgratz, 1980, pp. 20 *sq.*, 23 *sq.*

4.2. Reconnaître l'étranger chez soi

On pourrait certes essayer de légitimer ce choix de langues vivantes scolaires par le fait qu'il s'agit des langues des voisins, du moins en Europe. Mais ne serait-ce qu'en raison du nombre limité de personnes qui utilisent ces langues dans le monde, cet argument, du moins en ce qui concerne le français, n'est déjà plus admissible : d'un point de vue quantitatif, l'espagnol, le chinois ou le russe, autant que l'arabe ou le portugais, auraient un droit à figurer dans l'éventail des langues scolaires, sans parler de l'importance culturelle de ces langues par le passé et dans le présent.

De plus, les langues maternelles de la plupart des étrangers vivant en Allemagne et dans les États industriels occidentaux sont le turc, l'italien, le serbo-croate, le grec, l'espagnol, l'arabe, etc. En outre, l'anglais n'assume aucunement la fonction de *lingua franca*[17] pour la plupart des étrangers immigrés pour des motifs politiques ou économiques dans les États occidentaux. Les expériences fournies par les programmes de coopération entre les universités et les programmes de mobilité au niveau européen (ERASMUS et COMETT) nous confirment qu'il en va de même pour la communication dans le domaine universitaire.

Considérons en outre que les communautés linguistiques, les communautés culturelles et les États ne sont pas (toujours) identiques : le rapport entre la langue, les normes et les significations sociales peut se modifier d'un État à l'autre, voire d'un continent à l'autre. Dans une perspective historique, le colonialisme et ses conséquences ont ici une grande part de responsabilité. Un autre exemple marquant, et qui nous touche particulièrement, est le rapport entre la langue et la société dans l'ex-RDA et en RFA.

Les langues vivantes admises à l'école et leurs didactiques sont donc sommées de retrouver leur légitimation de

---

(17) Cf. Baumgratz, 1982b, pp. 6-7.

disciplines scolaires et de contribuer à l'amélioration de la communication et de la coopération entre les hommes de toutes les sociétés et cultures, et à la cohabitation pacifique avec les étrangers, qui parlent d'autres langues que l'anglais, l'allemand ou le français.

4.3. La dimension du comportement

Dans un document visant au renouvellement de la politique linguistique en Allemagne, les auteurs ont formulé des thèses qui font un lien explicite entre enseignement des langues étrangères, du français en particulier, et cohabitation pacifique :

> *Une prise de conscience des normes de valeur et de comportement, ayant pour but de surmonter ses propres limitations, joue un rôle dans toutes les disciplines scolaires. L'enseignement des langues étrangères a un rôle particulier à jouer, du fait que l'acquisition d'une deuxième et d'une troisième langue permet un accès immédiat à une réalité étrangère. Lors de l'apprentissage des langues étrangères, l'élève doit donc être plus que jamais incité à se confronter aussi avec une réalité étrangère et avec les conditions d'existence des hommes dans l'autre pays ou dans l'autre domaine culturel. L'enseignement dans les langues étrangères modernes doit, dans ce sens, se révéler un élément indispensable d'une éducation active à la paix. La paix étant, en dernière analyse, un bien qui ne se divise pas, il ne s'agit pas de relations pacifiques à l'égard d'une nation, voire d'un groupe linguistique, mais de la constitution d'attitudes et de mentalités fondamentales chez les élèves et les (futurs) adultes[18].*

Sous le titre : «Les langues étrangères et l'enseignement de la civilisation sont inséparables», on lira en outre :

> *On n'ajoutera pas à la pléthore des matières de nouveaux savoirs, ou de nouvelles initiations à la réalité et l'histoire étrangères. Une didactique des langues étrangères appuyée*

---

(18) *Fremdsprachenunterricht und internationale Beziehungen. Stuttgarter Thesen zur Rolle der Landeskunde im Französischunterricht.* Baumgratz *et alii* : Gerlingen 1982, p. 15.

sur l'enseignement de la civilisation aura davantage pour devoir de transformer l'acquisition d'une langue étrangère et l'accès à la société étrangère en une stratégie d'acquisition d'une compétence communicative transnationale. Le succès d'une communication en langue étrangère passe par une prise de conscience des caractères spécifiques d'une telle situation. La langue doit être vue dans un contexte d'action. Si l'écoute, la volonté de comprendre et la compréhension, la réaction (par la mimique et le geste, sous forme affective ou linguistique), etc. sont déjà dans la communication en langue maternelle des formes d'interaction humaine susceptibles de générer des conflits, alors les aspects communicatifs tels que le contrôle de sa propre attente et de sa tolérance à la frustration (de la reconnaissance et de l'acceptation de ses propres ignorances) prennent une importance toute particulière en raison des conditions spécifiques de la communication en langue étrangère[19].

En résumé, il s'agit moins de savoir combien de langues un élève apprend à l'école, mais plutôt comment il les apprend et pour quelle finalité. C'est pourquoi l'enseignement des langues étrangères à l'école devrait plus que jamais préparer les individus à la cohabitation dans des sociétés internationalisées et multiculturelles. Faire de la langue un médiateur entre la conscience individuelle et la réalité, et un moyen de compréhension entre les hommes d'origines nationales et culturelles diverses, devient un objectif prioritaire.

(19) Voir aussi les précisions sur la fonction de l'enseignement de la civilisation dans la communication transnationale, *in* Baumgratz, 1982a, pp. 178-183.

II

« L'étranger » dans le développement de la personnalité

1

Les concepts fondateurs : Socialisation et mobilité

En fonction de leur âge, de leur origine, de leur environnement, de leur niveau de formation et de leur itinéraire personnel, les apprenants sont des personnalités qui ont une conscience, des opinions, des préférences, des souhaits et des refus et qui disposent en plus d'expériences en matière de relations et de rôles. Le concept de **socialisation** et surtout celui de **mobilité** revêtent alors une importance capitale dans le développement d'une compétence communicative transnationale et transculturelle.

1.1. Le concept de socialisation

Dans un livre récent, le sociologue Claude Dubar[1] définit la **socialisation** comme «une construction sociale de l'identité». S'il critique l'emploi surabondant et superficiel du terme d'identité dans les médias, il souligne néanmoins l'importance du concept lui-même :

> *L'identité de quelqu'un est pourtant ce qu'il a de plus précieux : la perte d'identité est synonyme d'aliénation, de souffrance, d'angoisse et de mort[2].*

Et il insiste sur un fait qui sera particulièrement important dans notre contexte :

> *L'identité humaine n'est pas donnée une fois pour toutes, à la naissance : elle se construit dans l'enfance et, désormais,*

[1] *La Socialisation. Construction des identités sociales et professionnelles.* Paris : Armand Colin 1991, 278 p.

[2] Dubar, *op. cit.*, p.7.

doit se reconstruire tout au long de la vie. L'individu ne la construit jamais seul : elle dépend autant des jugements d'autrui que de ses propres orientations et définitions de soi. [...] L'identité n'est autre que le résultat à la fois stable et provisoire, individuel et collectif, subjectif et objectif, biographique et structurel, des divers processus de socialisation qui, conjointement, construisent les individus et définissent les institutions[3].

En se référant à Piaget, l'auteur relie la notion de socialisation au type de société : *Nos sociétés civilisées contemporaines tendent de plus en plus à substituer la règle de coopération à la règle de contrainte. Il est de l'essence de la démocratie de considérer la loi comme un produit de la volonté collective et non comme l'émanation d'une volonté transcendante ou d'une autorité de droit divine* (Piaget dans Dubar, p. 18). Selon Dubar, Piaget établit *une coupure radicale et une opposition effective entre les rapports de contrainte fondés sur les liens d'autorité et le sentiment du sacré (sociétés traditionnelles) et les rapports de coopération fondés sur le respect mutuel et l'autonomie de la volonté (sociétés modernes).* Le passage des premiers aux seconds est présenté par Piaget comme le résultat conjoint d'une «évolution intellectuelle» et d'un «développement moral» qui permettent la construction volontaire de nouveaux rapports sociaux (*La morale est une sorte de logique des valeurs et des actions entre individus, comme la logique est une sorte de morale de la pensée,* Piaget dans Dubar p. 16). Nous examinerons ici les processus de socialisation du point de vue de l'élève qui aborde l'apprentissage d'une langue étrangère comme le français pour pouvoir s'en servir comme moyen de communication et d'accès à la société française.

Notre concept de la **socialisation** et du **développement** de la **personnalité** s'inspire de la psychologie soviétique dans la tradition de Vigotsky et de Léontiev, qui accordent une place centrale à l'action du langage et de la communication intellectuelle dans le développement de l'enfant. Ils se démarquent sur ce point précis de Piaget, pour qui *le langage est un épiphénomène et l'activité est considérée*

---

(3) *ibid.*

*essentiellement comme une interaction entre l'homme et
son environnement physique* (Aebli, 1969, p. IX).

Les recherches de Vigotsky sur le développement psychologique de la conscience linguistique[4] ont mis à jour une
série de résultats concernant l'acquisition et la formation des
concepts dans la langue maternelle qui sont d'une importance capitale pour l'acquisition d'une langue étrangère.

Il s'agit, pour simplifier, des constatations suivantes, qui
permettront de déduire pour l'enseignement à l'école des
principes que Vigotsky énonce d'ailleurs lui-même en partie :
la conscience se développe dès l'origine comme un tout et la
structure du tout ainsi que les relations entre les différentes
fonctions psychiques sont modifiées par chaque processus
d'acquisition. Il devient donc impensable d'implanter dans la
conscience différentes langues sans reconnaître de lien entre
elles. Chez l'enfant déjà, le développement de la conscience
est un processus de généralisation croissante qui part des
concepts quotidiens ou spontanés, pour lesquels il existe
encore une relation directe entre le concept et l'objet dans la
réalité, et qui progresse ensuite dans l'enseignement scolaire
grâce à l'introduction de concepts scientifiques dont le lien
avec les objets est cette fois médiatisé par un système
conceptuel. Cette évolution modifie inévitablement la structure des concepts quotidiens. Une telle conception fonctionnelle du développement de la conscience éclaire d'un jour
nouveau la relation entre développement de la conscience et
apprentissage : contrairement à certaines idées fort répan-
dues, c'est l'enseignement qui anticipe sur le développement[5]. Toujours selon les travaux de Vigotsky, le développement intellectuel de l'enfant n'observe pas la stricte
division entre les différentes disciplines scolaires. *L'arith-
métique ne développe pas certaines fonctions de manière isolée et indépendante de celles développées par la
langue écrite. On constate souvent au contraire que différentes disciplines ont une base commune sur un
domaine particulier. Dans l'enseignement, la gram-*

---

(4) L. S. Vigotsky, *Untersuchung der Entwicklung wissenschaftlicher
Begriffe im Kindesalter*, pp. 167-290.

(5) Vigotsky, *op. cit.*, p. 232.

maire tout autant que l'écriture mettent en évidence l'acquisition et la prise de conscience. [...] Cette base commune à toutes les fonctions psychiques supérieures, dont le développement représente l'acquisition fondamentale de l'âge scolaire, est la prise de conscience et l'apprentissage de la maîtrise. Il s'ensuit que Vigotsky, par opposition aux pères spirituels des méthodes didactiques courantes, établit une différence de principe entre le dressage et l'apprentissage : l'apprentissage ne se fonde pas pour lui sur la fameuse méthode *trial and error,* mais sur l'imitation et donc sur la possibilité *de passer, à partir de ce que je sais, à ce que je ne sais pas*[6] – par exemple de la langue maternelle à la langue étrangère. Seul le degré de conscience atteint par l'apprenant à un certain stade permettra de déterminer la phase du prochain développement.

Par analogie avec le développement croisé des concepts quotidiens du concret vers l'abstrait et des concepts scientifiques de l'abstrait vers le concret, Vigotsky conçoit l'acquisition d'une langue étrangère par rapport à la langue maternelle comme un processus inversé : *En un sens on pourrait, au même titre qu'on distingue concepts spontanés et non spontanés, parler dans le cas de la langue maternelle d'un développement linguistique spontané et d'un développement non spontané pour la langue étrangère, guidés ici comme là par l'enseignement. [...] On peut dire qu'autant l'acquisition des connaissances scientifiques s'appuie sur des concepts élaborés par l'expérience personnelle de l'enfant, autant l'apprentissage de la langue étrangère s'appuie sur la sémantique de la langue maternelle*[7].

Les recherches ayant établi que les processus psychiques d'acquisition de concepts ou de systèmes complets, comme la langue, ne peuvent emprunter deux fois le même chemin, tout enseignement des langues vivantes qui se décalque sur l'acquisition de la langue maternelle est voué à l'échec.

---

(6) *Ibid.*, pp. 238-239.

(7) *Ibid.* p. 181.

En suggérant l'existence chez tout individu d'un «multilinguisme en langue maternelle»[8] qui serait un rapport complexe entre dialecte, sociolecte, régiolecte, langues de spécialités et langue ordinaire, Wandruszka montre que le simple fait de parler de langue maternelle est déjà une abstraction. Mais ce plurilinguisme spontané pourrait en revanche fournir un point de départ fructueux pour la langue étrangère puisqu'il suppose l'habitude d'employer plusieurs «langues» selon les différentes situations et en fonction des besoins stylistiques.

La référence sociale de ce plurilinguisme mise en évidence par Wandruszka introduit le deuxième contexte de la transmission : la socialisation de l'élève dans la famille, le groupe d'âge et à l'école, qui marquent sa conscience et son expérience de la réalité. Il faut donc examiner les conditions spécifiques du développement de la conscience et de l'agir social qui sont déterminés par la structure sociale historique concrète[9].

1.2. Le concept de mobilité

Comme l'a bien montré Galpérine, la mobilité est un atout majeur de l'évolution des espèces et en particulier de l'espèce humaine. Elle est liée au concept de l'espace dans la mesure où les animaux et surtout les êtres humains ont tendance à conquérir de nouveaux espaces afin d'élargir leurs champs d'action (Bourdieu) et donc leurs possibilités de développement.

1.2.1. Mobilité et «espace»

La notion d'**espace**, dans un premier temps purement géographique, s'applique également à la dimension intellec-

---

(8) Mario Wandruszka : *Die Mehrsprachigkeit des Menschen*. Munich 1979, p. 13.

(9) Thomas Luckmann, *Einleitung zu Vigotsky*, p. XVIII.

tuelle, sociale, économique, politique et culturelle du développement humain. Le concept de mobilité a donc non seulement une signification géographique ou physique mais également sociale, politique, économique, culturelle, psychologique et enfin linguistique. Un même individu peut donc être «mobile» sur plusieurs espaces qui représentent des champs d'action différents mais liés entre eux. Pour conserver son équilibre («modèle homéostatique» de Piaget : *le mouvement défini comme rétablissement d'un équilibre avec l'environnement*, Dubar, p. 12), l'individu est amené à coordonner les exigences contradictoires auxquelles il doit répondre dans les différents champs d'action réels où irréels. C'est ainsi que l'individu doit se constituer une identité personnelle qui va de pair avec une certaine cohésion psychologique, une certaine unité de la personnalité qui lui permet de «rester lui-même» malgré les différents espaces dans lesquels il agit.

Le concept d'espace implique par définition celui de **frontière**. Élargir son ou ses champs d'action est donc un processus qui consiste à surmonter ou à déplacer des frontières réelles, intellectuelles ou idéologiques. En dehors de frontières géographiques, il existe des frontières politiques, sociales et institutionnelles définies par des constitutions et des lois, des conventions et règles de jeu ainsi que par la langue et ses différentes manifestations sociales.

Dans nos sociétés européennes, les espaces politiques, économiques, sociaux et culturels ne correspondent pas avec les frontières géographiques et nécessitent une mobilité «transfrontalière» et des échanges à plusieurs niveaux. Par exemple l'espace économique défini par la Communauté Européenne n'est plus identique avec l'espace politique et social défini par les États nationaux. Par contre les implantations des entreprises dans des pays étrangers restent soumises aux lois et règles du jeu des États nationaux.

La création du Grand Marché intérieur en 1993, qui implique la libre circulation des personnes, ouvrira un espace social permettant aux individus munis d'un passeport d'un des pays membres une mobilité sociale et professionnelle accrue. Par l'intermédiaire des échanges scolaires établis depuis longtemps entre la France et l'Allemagne et des programmes de mobilité de la CEE, comme ERASMUS, LINGUA, COMETT, TEMPUS et PETRA, les ressortissants des pays membres de la CEE ont en plus la possibilité de se former dans un autre pays de l'Europe. Les conditions de la socialisation et de la construction de l'identité sociale et professionnelle se trouveront donc modifiées.

Cela n'est pas sans conséquences non plus sur la langue d'apprentissage dans le système d'éducation et de formation nationale. Dans un environnement étranger (à l'occasion d'un échange ou d'un séjour d'études), les individus devront être préparés à apprendre dans une autre langue et dans un environnement institutionnel dont les règles et, les habitudes, les concepts de formation, de «savoir légitime», et de relations enseignant/apprenant ne seront pas les mêmes.

■ L'intégration dans la vie professionnelle d'un autre pays prédispose à se trouver confronté à des traditions professionnelles et à des cultures d'entreprises bien différentes. Dans l'Europe du Grand Marché intérieur, la disparition des obstacles juridiques qui s'opposent à la libre circulation des personnes dans la CEE mettra d'autant plus en relief les obstacles linguistiques et socioculturels. En se déplaçant dans un autre pays, en participant à un échange, on se rend compte des difficultés d'orientation ou de compréhension qu'on peut avoir dans un contexte institutionnel étranger. Cela est vrai aussi bien pour les entreprises que pour les établissements scolaires et universitaires, pour ne donner que ces deux exemples. Malgré tous les efforts d'internationalisation et d'européanisation fournis par les différents pays de la CEE, les institutions restent fortement imprégnées par le contexte national, ses traditions, son développement historique et les relations spécifiques qui se sont créées dans le système éducatif entre les qualifications reconnues par des diplômes sur le marché du travail d'une part et le rôle des institutions éducatives dans la formation des citoyens d'autre part. En dehors de quelques modèles d'éducation bilingue, la «langue nationale» reste la langue dominante de l'enseignement comme de la vie professionnelle. La compétence de communication transculturelle ne concerne donc pas seulement la communication entre les Cultures avec un grand C mais aussi entre les cultures institutionnelles (éducatives et professionnelles) qui se sont développées dans un contexte national jusqu'à présent considéré par la plupart comme le seul et unique espace social.

1.2.2. Mobilité et échange

Si nous considérons la relation entre formation et activité professionnelle sous l'angle de l'échange, nous sommes amenés à constater que les individus sont d'une façon générale rendus échangeables et interchangeables par la codification de profils de qualifications sanctionnés par des diplômes qui correspondent aux attentes des employeurs dans une même société. Par qualification, nous entendons en effet non seulement la qualification professionnelle au sens purement technique du terme mais aussi tous les aspects sociaux et culturels de la qualification, nécessaires pour l'intégration dans le monde du travail comme la discipline, la ponctualité, le respect des hiérarchies institutionnelles, «l'éthique» du métier ou de la profession.

L'échange des marchandises est basé sur un consensus qui concerne l'acceptation de leur valeur d'usage pour tous ceux qui peuvent y accéder par l'argent. La libre circulation des marchandises implique donc une acceptation plus universelle et qui ne se limite pas à l'espace national de la «valeur d'usage». Si le Grand Marché intérieur entraîne dans un avenir proche non seulement la libre circulation des marchandises mais aussi la libre circulation des personnes, ou pour employer des termes économiques des «ressources humaines», les personnes destinées à remplir une fonction similaire devraient donc disposer de caractéristiques comparables : comme les marchandises elles devraient avoir une «valeur d'usage» reconnue, pouvoir répondre aux besoins et exigences de leurs utilisateurs potentiels et disposer de toutes les compétences communicatives qui facilitent leur intégration dans une entreprise située éventuellement à l'étranger.

Vus sous cet angle purement utilitaire, les systèmes de formation des différents pays membres de la CEE seraient donc amenés à produire des qualifications échangeables et «purifiées» des différences culturelles qui relèvent des traditions et des cultures éducatives et de formation dans les différents pays. Dès lors, la mobilité signifira donc forcément un nivellement des différences ou du moins la tolérance de différences insignifiantes en termes d'efficacité.

La mobilité peut essentiellement procurer à l'individu une liberté vis-à-vis des traditions, des conventions et surtout des contraintes qui résultent de son attachement au sol natal et aux mécanismes de contrôle social qui lui sont propres. Elle ouvre de nouvelles perspectives d'épanouissement de la personnalité et de la constitution d'une identité sociale par l'élargissement de son champ d'action.

En dehors de ces dimensions essentiellement positives sur le plan de l'enrichissement de la personnalité et des relations humaines, le concept de **mobilité** recouvre aussi des aspects plutôt négatifs : déracinement, perte de l'identité, de l'orientation sociale, aliénation, émiettement du travail, instrumentalisation économique des individus (qualifiés de «ressources humaines»).

Force est de constater que ce concept de mobilité est aujourd'hui investi dans l'opinion publique, dans les politiques de formation et d'emploi, mais surtout dans les médias, d'une valeur quasi mythique, qui dissimule mal ses pièges et les appréhensions qu'il peut légitimement susciter : parallèlement à un certain engouement pour les «mutations» sociales (changement structurel du marché du travail, par exemple, ou de l'organisation, voire du contenu du travail lui-même), la mobilité, au sens de flexibilité et de capacité d'adaptation à des situations inconnues et à des impératifs sociaux et professionnels, est élevée au rang de vertu cardinale pour les individus qui auront à (sur)vivre dans des conditions nouvelles et imposées.

La sociologie et la recherche appliquée à la socialisation, ainsi que les politiques d'emploi et de formation, sont dominées par des projets qui définissent la mobilité comme la capacité des individus à s'adapter à des conditions socioculturelles – c'est-à-dire à des rapports économiques, professionnels, touchant l'organisation des loisirs ou de la consommation – qu'il ne serait pas question de modifier ou même simplement d'influencer. Cela s'applique aussi à la recherche comparatiste en socialisation, laquelle est – comme le déplore

Ludwig Liegle – *prisonnière d'un concept statique du rapport entre personnalité et culture, qui aboutit, en dernière analyse, au conformisme*[10]. Par opposition, nous concevons la mobilité comme une capacité d'orientation active de l'individu qui doit lui permettre d'affronter des environnements changeants, au lieu de les subir passivement. Il faut donc admettre une capacité critique et reconnaître la nécessité du changement des conditions d'existence sociales pour anticiper les possibilités d'amélioration.

---

(10) Dans son étude *Kulturvergleichende Ansätze in der Sozialisationsforschung* («Les approches comparatistes en socialisation») [1980, pp. 197-225], Liegle analyse les causes de cette lacune aux conséquences théoriques et méthodologiques : *[...] Le point de vue dialectique, tel qu'il a été développé par les théoriciens classiques de l'éducation, de la théorie sociale comme de la théorie de la personnalité et de la culture, (n'a) qu'une faible signification dans la recherche comparatiste. Des pédagogues tels que Pestalozzi s'attachent à une conception de la relation entre personnalité et environnement social qui souligne la réciprocité de l'influence et l'activité de l'individu. Cette conception a été négligée par la recherche comparatiste, ce qui s'explique par les traditions, les problèmes théoriques et méthodiques de cette discipline qui met l'accent sur les institutions, les règles, les symboles et les termes institutionnalisés* (c'est ici que se situe l'approche institutionnelle de l'étude de la civilisation, G. B.); *le recours aux moyennes statistiques et aux situations expérimentales; la concentration sur des phases du développement de la personnalité (l'enfance précoce en particulier), dans lesquelles la dépendance de l'individu à l'égard de son environnement a un poids considérable; l'absence d'un système de référence général, transculturel* (nous soulignons, G. B.) *pour l'analyse du rapport entre personnalité et société (culture)* (p. 201).

La définition de la culture qui se rapproche le plus de notre conception se trouve dans Jaeggi/Faßler 1982, p. 164 : *Toute intervention matérielle sur la nature est simultanément produit et vecteur culturel. La culture est par conséquent une certaine coordination entre l'objet visé par la pensée, le produit et le rapport avec ces capacités de fabrication existantes. La réalisation des intentions et l'association des hommes définissent aussi bien la culture que l'interprétation qu'elle donne d'elle-même en termes esthétiques, économiques ou de besoins. Le produit et le type de l'utilisation constituent un projet. La fixation de chaque objectif, que ce soit en fonction de besoins subjectifs ou de «nécessités fonctionnelles» techniques, définit l'objectif à atteindre (qu'il s'agisse de production, de consommation, de représentation esthétique, etc.) dans un rapport entre les contextes spatial, temporel, c'est-à-dire sociaux. Que le projet soit utile, inutile, aberrant ou marginal selon l'interprétation de la société ou de groupes particuliers, qu'il vise à changer l'organisation du pouvoir ou de la production, ou qu'il soit simplement une invention exotique, une trouvaille personnelle – quelle que soit la manière dont nous le voyons –, il est une production et une projection culturelle et par conséquent sociale.*

■ Il nous paraît évident qu'une interprétation originale du rapport entre société et individu aura des conséquences sur les méthodes d'enseignement mises en œuvre. Les impératifs liés à la mobilité mettent l'accent sur l'inadéquation entre le développement subjectif et le niveau atteint par le développement socio-économique. L'enseignement reçoit donc pour mission de doter les générations futures de cette capacité active d'adaptation à des conditions sans cesse changeantes.

Or, c'est justement la question du caractère définitif ou modifiable des rapports sociaux qui divise les esprits en pédagogie, comme en recherche sur la socialisation : l'adaptation est-elle à sens unique[11], comme par exemple l'adaptation des hommes aux progrès économiques, techniques, et à leurs conséquences sociales, ou bien l'adaptation est-elle considérée comme un processus dialectique qui comprend à la fois l'adaptation des conditions sociales à des besoins humains définis et à des représentations normatives de la vie sociale, et une capacité productive et créative de l'individu de conserver un regard critique sur les changements de son environnement en développant éventuellement des contre-projets ?

---

(11) Ces approches se fondent en général sur la théorie de rôles de Talcott Parsons. Cf. Hans Joas in Hurrelmann / Ulich, p. 150.

2

Les implications
des formes actuelles
de la mobilité

2.1. Mobilité et déracinement

Le concept de mobilité, étroitement lié à la révolution industrielle, recouvre d'abord une mobilité géographique (perte du pays d'origine) qui s'accompagne d'une mobilité sociostructurelle causée par l'émiettement de la famille au sens large, l'homme devant se «rendre» à un travail qui ne se trouve plus à proximité[12], avec toutes les modifications de l'habitat et de l'urbanisme que cela entraîne.

• Observée sous cet angle, la situation actuelle permet de reconnaître sans peine un phénomène de masse bien connu, recouvrant aussi bien des transferts internes, qu'il s'agisse de l'exode rural ou de la migration depuis la «périphérie», la province, vers les centres économiques (ce pour quoi, en France, on emploie aussi le terme «émigration»), ou des transferts entre des sociétés et des cultures différentes : on retrouve ici le phénomène mondial de migration des travailleurs et de leurs familles vers les métropoles économiques de l'Europe du Nord. On sait comment ce phénomène, enjolivé par le terme de «mobilité géographique», a entraîné des modifications profondes de la structure sociale

---

(12) Cf. Thompson 1972, Vester 1970, en part. chap. II : «L'adaptation de la population aux besoins du capitalisme» et chap. III : «Les dimensions de l'expérience de la population» dans la 1re partie pp. 62-102.

et des contraintes sur la vie communautaire dans les sociétés industrielles occidentales. Les relations des travailleurs immigrés envers leur société d'origine s'en sont trouvées elles-mêmes perturbées. Au sein de la Communauté européenne, à l'horizon de 1993, ces conditions seront amenées à se transformer encore de manière décisive :

> *La confrontation à l'étranger, venu du monde extérieur, contraint les diverses sociétés européennes à une autodéfinition. L'Europe, démographiquement déprimée par sa faible fécondité, a besoin d'immigrés. L'installation d'étrangers sur son sol est l'une des conditions de sa survie. Toutes les sociétés européennes devront, dans les années qui viennent, définir pour les immigrants une insertion sociale d'un type ou d'un autre, définir leur statut dans la cité. Les étrangers sont le plus souvent des ouvriers. Leurs niveaux d'alphabétisation et de qualification ne leur permettent en général pas une insertion au niveau plus élevé de la structure sociale. Aussi, au moment même où disparaissent les idéologies rêvant du prolétariat et de la nation, l'installation de groupes humains nouveaux pose très concrètement quelques questions essentielles concernant la définition de la classe et de la nation. L'histoire ne saurait être plus rusée, malicieuse ou perverse.*

> *La réponse donnée par les diverses sociétés européennes n'est pas uniforme. Elle dépend, une fois de plus, des valeurs traditionnelles de liberté ou d'autorité, d'égalité ou d'inégalité. Les choix des trois grands pays de l'immigration en Europe – la France, l'Allemagne et la Grande-Bretagne – sont différents et cette divergence rejoue, dans un domaine neuf, ou même futur, l'interminable partie des différences entre les cultures européennes. Les immigrés sont-ils libres et égaux ? Seront-ils une catégorie séparée, état d'Ancien Régime ressucité au cœur de la société postindustrielle ? Seront-ils libres mais différents ? À l'approche de l'an 2000, les sociétés postindustrielles ne semblent pas encore avoir échappé aux contraintes anthropologiques héritées des temps fondateurs[13].*

Des concepts tels que «peuple» et «nation» ne sont pas les derniers à être remis en cause, puisqu'ils renvoient à la représentation d'une population homogène. Il y a une certaine ambiguïté, voire un danger, à y faire référence, pour tous ceux qui prônent le retour à un état ancien.

---

(13) Emmanuel TODD : *L'Invention de l'Europe*. Paris : Seuil 1990, 542 p., p. 493-494.

■ Sur le plan géographique et socioculturel, il s'agit d'un déracinement, de la perte d'un lieu d'origine qui représente un milieu socioculturel concret dans lequel on a grandi et dans lequel on se trouve, justement, «enraciné», un milieu familier (ce n'est pas un hasard si *elend*, «misérable» en allemand, voulait dire à l'origine «vivre loin de chez soi»). Et le déracinement est ressenti de manière particulièrement vive par les travailleurs migrants venant de régions faiblement industrialisées, ou qui ne le sont pas du tout, de tradition encore très présente et dont les normes socioculturelles sont fermement établies, comme par exemple les travailleurs turcs de la première génération, dans le cas de l'Allemagne essentiellement[14].

Certes, ce déracinement est, en règle générale, une réponse à la menace de paupérisation dans la société d'origine[15]. Mais il n'en demeure pas moins que le fait de quitter son pays d'origine en raison de nécessités matérielles – et non par le simple désir de passer quelques années à l'étranger – constitue une perte sévèrement ressentie de ce milieu connu et familier dans lequel on se sent «chez soi», échangé contre une existence inconnue et insécurisante, d'autant plus étrangère que les conditions d'existence dans la société d'accueil s'écartent fortement des traditions culturelles de la société d'origine[16]. Bien peu ont entendu parler, en partant, de la misère dans les sociétés industrialisées!

---

(14) Cf. Robert Anhegger : *Die Deutschlanderfahrung der Türken im Spiegel ihrer Lieder. Eine «Einstimmung»*. («Les Turcs et leur expérience de l'Allemagne au miroir de leurs chansons. La manière de s'accorder») *in* Helmut Birkenfeld (ed.) : *Gastarbeiterkinder aus der Türkei. Zwischen Eingliederung und Rückkehr*. («Les enfants des travailleurs immigrés turcs. Entre intégration et retour»). Munich. C. H. Beck 1982, pp. 9-23.

(15) Cet appauvrissement est généralement d'ordre matériel, mais il peut aussi être de nature politique, les deux phénomènes allant de pair le plus souvent. Pour beaucoup d'étrangers qui viennent de pays en voie de développement aux régimes antidémocratiques et policiers, le pays natal n'a rien à voir avec l'utopie dont parle Ernst Bloch par exemple. Il faudrait parler plutôt de ce qui n'existe pas encore, d'un objectif à conquérir, qui ne correspond pas obligatoirement avec l'origine géographique, mais qui serait de l'ordre de la proximité humaine et de l'hospitalité de la terre. Mais cela n'est pas réalisé non plus dans les sociétés industrielles.

(16) *Les processus d'acculturation se sont largement répandus dans le monde moderne en raison d'une mobilité croissante et de l'internationalisation des échanges. L'étude scientifique des problèmes d'accul-*

L'absence de relations humaines dans la société d'accueil renforce le sentiment d'étrangeté, avec des conséquences psychologiques importantes, qui viennent s'ajouter au sentiment d'insécurité. La formule célèbre selon laquelle «on a demandé des ouvriers, et des hommes sont venus» dit assez bien à quel point le pays d'accueil s'est peu soucié des relations humaines et des conditions qui les rendraient possibles.

Les étrangers sont donc traités comme tels et établissent difficilement des relations avec la population locale. L'isolement entraîne la formation de ghettos qui provoquent au sein de la population majoritaire des réactions de méfiance, d'insécurité et d'agression amplifiant les sentiments xénophobes constatés aujourd'hui dans les pays industrialisés occidentaux touchés par le chômage.

Dès 1993, les énormes différences sociales entre les pays membres de la Communauté européenne peuvent venir encore aggraver les problèmes. Il devient donc urgent de savoir reconnaître et analyser le rôle décisif des émotions négatives dans l'entrave des processus cognitifs et dans la modification du comportement et des idées préconçues.

turation a commencé dans le pays d'immigration par excellence du monde moderne, les États-Unis. Sous le terme d'acculturation, on y étudie les séquelles psychiques et sociales auxquelles sont exposés les individus et les groupes passant d'une culture à une autre, ou appartenant à une minorité dans une culture étrangère. Les études du processus d'acculturation (cf. par ex. Hallowell 1955, Spicer 1972) ont identifié, entre autres, les facteurs et les problèmes suivants : l'existence d'un fossé («lag») psychologique entre l'acceptation consciente d'un nouveau comportement et la résistance inconsciente à cette adaptation; l'ambivalence et l'agressivité envers soi-même dans une situation d'acculturation; la fonction de référence de certains groupes (appartenant à la minorité ethnique ou à la culture dominante); des formes de repli qui peuvent résulter d'une réactivation de la culture d'origine. Il s'est avéré que la maîtrise des problèmes d'acculturation dans les différentes minorités ethniques est très variable en fonction du degré de contraste entre l'«ancienne» et la «nouvelle» culture (par exemple sous l'aspect de la modernisation et de la différenciation), en fonction du niveau social et de formation des membres de la minorité concernée, en fonction des dispositions de la «nouvelle» société à l'égard de la minorité. L'élucidation des processus et des problèmes d'acculturation ne présente pas seulement un intérêt théorique pour l'analyse scientifique des rapports entre culture et développement de la personnalité, elle a bien au contraire une importance politique et pratique considérable, comme le montrent les problèmes des travailleurs étrangers et de leurs enfants, que notre propre société n'a pas encore résolus (cf. Schrader 1976 par exemple). (Liegle 1980, p. 208)

2.2. Mobilité, aliénation et organisation du travail

Le développement économique dans les sociétés industrialisées n'a pas seulement favorisé la mobilité géographique et socioculturelle, il a aussi mis en route un processus de plus en plus sensible, l'aliénation, qui est la face psychologique de la mobilité. Ce terme désigne une situation existentielle fondamentale des hommes vivant dans des sociétés hautement industrialisées et technologiques, situation étroitement liée à la nature même du développement économique et à l'organisation du travail qui en découle[17], imposant de nouvelles difficultés d'intégration des individus dans une société soumise au principe de la rationalisation des moyens en fonction des objectifs.

Au cours d'une période extraordinairement brève, au regard de l'histoire de l'humanité, les conditions de vie et les modes d'existence des hommes vivant dans les sociétés industrialisées occidentales (mais aussi dans les pays du tiers-monde qui en dépendent de plus en plus) ont fondamentalement changé, et continuent d'évoluer à un rythme sans cesse plus rapide. Un principe demeure cependant constant : il s'agit du principe de l'échange, qui s'étend à tous les domaines de la société, et qui, par définition, fait abstraction des besoins humains concrets, mais qui nécessite, pour fonctionner, que les objets soumis à l'échange soient acceptés en tant que valeurs utiles, afin d'être réalisés, c'est-à-dire consommés. Puisqu'il faut sans cesse produire des besoins « adaptés » au type de la production

---

(17) *Aliénation et réification signifient que l'homme en vient à oublier qu'il est l'auteur des situations sociales : il se sent «emprisonné» [...]. Cette réification est atténuée dès que l'individu prend conscience que les situations qui président à l'action, quelle que soit la manière dont elles sont objectivées, sont faites par nous, qu'elles peuvent toujours être «réinventées», qu'elles sont donc modifiables. En d'autres termes, la réification est l'extrême de l'objectivation (et ainsi de l'aliénation). Ne comprenant plus que le monde extérieur est le produit de son activité, l'homme apparaît ici – paradoxalement – comme un être capable de produire une réalité qui le renie.* (Jaeggi/Faßler 1982, p. 39)

(logique qui fonde la «société de consommation»), l'esthétique du produit, l'industrie de la conscience (les médias par
exemple) et l'industrie culturelle en général s'attachent à
entretenir des comportements tournés vers la consommation, entraînant un nivellement des besoins et un rétrécisse-
ment du champ de perception[18]. Ces pratiques se nourris-
sant de l'insatisfaction des besoins, les sphères de la
consommation deviennent perméables et, à la limite, interchangeables : c'est ainsi que les vins et les fromages français
sont vendus par référence à l'image d'un pays qui alimente
les rêves de vacances, ou que les articles de luxe français
font miroiter au consommateur une part de ce bonheur que
les Allemands définissent par la formule «vivre comme Dieu
en France». Cette caricature de la réalité française – du
reste très répandue – entretenue et amplifiée par la publicité
à des fins de consommation fait partie des conditions de
socialisation extra-scolaires, sur lesquelles l'enseignement

(18) *Le terme de «valeur d'usage» ne recouvre pas une quelconque
appropriation subjective inexplicable. Les sentiments obscurs ou bien
les univers de sensation «présociaux» du sujet oublient les dimensions
sociales. La «valeur d'usage» est le nom de la transformation de la
chose «utilisable» qui donne satisfaction et qui peut être éprouvée
subjectivement. Que cette transposition soit d'emblée instrumentalisée
par les influences psychologiques de la publicité sur nos désirs relève
de l'état actuel des sociétés capitalistes avancées. La publicité s'en
prend à la faculté de l'homme d'interpréter les choses, de leur prêter
une signification, de les dramatiser, de les diviniser ou de les
banaliser. Mais elle colonise le besoin de sens, propose des produits
commerciaux. L'important est que l'usage se trouve refoulé dans la
sphère de la personnalité, qu'il a disparu dans l'isolement. La
satisfaction manifestée ressemble de l'extérieur à la répétition des
promesses qui déguisent une marchandise. L'utilisation de
marchandises reconnues, la manière reconnue de les utiliser ne
débouchent pas sur une satisfaction communicable et partageable,
mais sur la quête incessante et effrénée d'une existence qui serait
enfin satisfaisante : c'est une utilisation imposée, une obligation d'être
satisfait et de se contenter de ce qui passe pour utilisable.*
*L'utilisation, ainsi liée à l'isolement, ne doit pas être lue comme la
simple consommation individuelle : elle est davantage à la forme de la
production [...]. L'utilisation est par conséquent la catégorie sociale la
plus générale, qui contient le travail et la consommation, la
production et la distribution. L'utilisation est un projet socioculturel
multiforme qui maintient la séparation rigide entre production et
consommation, organisation socialisée du travail et consommation
personnelle grâce au profil industriel et mécanisé du capitalisme*
(Jaeggi/Faßler 1982, pp. 165-166)

du français devrait agir, ou qu'il devrait pour le moins prendre en compte[19].

Tous les individus sont soumis à ce principe de rationalisation (même ceux qui s'en défendent ne peuvent échapper totalement à ses effets), y compris ceux qu'on appelle les décideurs. Il menace également l'aspect positif des traditions culturelles et des modes de comportement traditionnels.

Naturellement, on ne peut se contenter d'affirmer que nous sommes tous sans exception logés à la même enseigne. Il existe parmi les processus sociaux des formes de survie plus ou moins confortables. D'autre part, les conséquences psychologiques sont très variables suivant la profession, la situation matérielle, la position sociale et l'âge. C'est la raison pour laquelle les réactions individuelles et les comportements sont eux aussi très différents.

Dans son livre *le Travail dans le processus de production moderne*, Harry Braverman (1977)[20] décrit l'évolution historique de l'organisation de la production et dégage les conséquences du principe inventé par Taylor sur le travail humain. Cette organisation, dont le travail à la chaîne est depuis longtemps le symbole, bouleverse l'unité du mode artisanal pour lui substituer la parcellisation et l'émiettement du processus de production. Les individus se trouvent donc intégrés à un processus dans lequel ils ne remplissent plus qu'une fonction bien particulière sans contrôle sur le processus lui-même et en perdant de vue l'unité du travail. Ils sont en même temps soumis à un rythme de travail et à des horaires contraignants. L'adaptation à l'organisation du temps est connue sous le terme de ponctualité, et c'est l'une des qualités principales qui doivent être transmises par l'éducation. La quantification[21] du temps fait abstraction du rythme biologique et soumet le temps humain à un déroule-

---

(19) Sur l'ambivalence historique de ce portrait de la France emprunté au livre de Sieburg *Gott in Frankreich*, cf. Gangl, 1988, pp. 100-121.

(20) Cf. également : Mumford, 1970.

(21) *La fréquence mesurée remplace la communauté. Elle complète les exigences de prévisibilité et de reproductibilité du calcul économique. Elle est la mise en sommeil du qualitatif au profit du quantitatif. Cette rationalité mathématique généralisée par l'économie imprègne toute la*

ment d'abord mécanique, et, aujourd'hui, de plus en plus électronique de la production[22]. On entre ici dans ce qu'on appelle « le système homme/machine », qui imprime sa marque à toute l'organisation de la production, l'introduction de nouvelles technologies ajoutant par ailleurs une modification qualitative de ce rapport.

Cette aliénation du travailleur dans le processus de production et à l'égard du produit lui-même se répercute, ainsi qu'Otto Ullrich l'a très bien montré dans son étude empirique *Technik und Herrschaft* (1979), au niveau de l'entreprise, et dans la recherche appliquée aux sciences de la nature. L'auteur en situe l'origine dans une symbiose entre le principe capitaliste et le principe bureaucratique, ce dernier étant historiquement bien plus ancien. L'organisation bureaucratique reproduit l'émiettement de la production, émiettement aussi bien des tâches que de la conscience, conduisant à une spécialisation grandissante au détriment de la connaissance du contexte. Ullrich montre les conséquences inquiétantes de ce principe sur les sciences de la nature lorsque la recherche dans des domaines de pointe devient une fin en soi et que l'utilisation des connaissances est soustraite à la décision et à la collaboration du scientifique, voire lorsqu'elle est parfaitement étrangère à ses recherches[23].

Les travaux les plus récents concernant l'avenir de la formation des ingénieurs en Europe insistent avec raison sur leur responsabilité sociale. Le danger et les conséquences de la mise en œuvre de technologies de pointe exigent une plus grande culture générale, une aptitude à la communication, une capacité à travailler en équipe, ainsi qu'une aptitude à assumer ses responsabilités.

Par ailleurs, le développement technologique tend à éliminer progressivement l'homme de la production, cette der-

---

vie collective sous la forme de l'efficience capitaliste, qui réduit subjectivité et communauté au type. La prévisibilité résume « l'hypothèse catastrophique de notre société [...] selon laquelle l'homme peut être complètement objectivé par l'homme ». (Jaeggi/Faßler 1982, p. 84; les auteurs citent Diamond 1976, p. 252.)

(22) Cf. Bammé *et alii*, 1983.

(23) Cf. aussi Habermas, 1968.

nière devenant «autonome» selon la terminologie officielle. Cette évolution aggrave le drame social et humain du chômage, qui n'est rien d'autre qu'une mise à l'écart du travail, domaine indispensable à l'intégration sociale, et dans lequel les individus, en dépit de ses aspects inhumains, avaient pris d'une certaine manière leurs habitudes (communication avec les collègues, activités syndicales, etc.). Naturellement, de plus en plus de familles sont touchées par ce phénomène, et avec elles les élèves.

Le caractère émancipateur du développement capitaliste, traduit par le concept de **mobilité sociale** qui a finalement – en ce qui concerne du moins les sociétés industrialisées – apporté une certaine égalisation des différentes classes sociales aboutissant à une «société de classe nivelée» selon la terminologie de Schelsky, est aujourd'hui remis en cause de façon dramatique. À l'heure de la «troisième révolution technologique», et face à la crise de l'intégration des forces de travail, en particulier des deuxième et troisième générations, le concept central de la politique libérale, «l'égalité des chances», correspondant à un certain niveau de l'organisation de la production et à une certaine conjoncture, se trouve lui-même remis en cause.

Aliénation, déverbalisation, perte de la capacité de communication

Si l'isolement est l'un des aspects fondamentaux d'une existence aliénée, il est particulièrement sensible dans les grandes villes. Le secteur des loisirs, facteur économique d'importance croissante, renforce encore cet isolement à travers la télévision, les ordinateurs domestiques, etc.; la gravité de ce phénomène revient souvent dans le débat public et marque les controverses en matière de politique éducative. Krovoza (1976, en part. pp. 69-70) voit même dans cette évolution la fin de la socialisation en tant que processus dialectique, la constitution d'une conscience sociale étant à son avis entravée par ces influences. La socialisation est impensable sans communication. Lorsque les processus de communication réelle entre les hommes sont réduits, voire pratiquement éliminés, on affaiblit l'appropriation active de l'expérience sociale et la formation de la conscience. La communication à sens unique avec les machines, les écrans, les ordinateurs, n'est pas une forme humaine de communication[24].

Il convient de souligner tout particulièrement ici que c'est la langue, en tant que facteur constitutif de la formation de la conscience, de la perception et de la communication entre les hommes, qui se trouve ainsi menacée, fait démontrable empiriquement, et qui s'inscrit en parallèle à la perte de compétence en langue maternelle observée dans tous les pays européens chez les générations adolescentes : *Les faibles n'ont pas le pouvoir de la parole; le «vol de la parole» qui se développera par la concurrence des canaux, au profit d'un «flot d'images» met fin à l'unité entre la parole et la pensée, mais il est vrai que la pensée ne joue plus aucun rôle*[25].

Il ne s'agit plus seulement d'acquérir des langues étrangères, mais de sauvegarder la langue et la capacité de communication elles-mêmes[26] !

---

(24) *La différence essentielle entre un programme télévisé et l'échange direct entre les hommes ne tient pas à des raisons techniques, mais au principe du schéma de programme. Une fois qu'on a introduit ce schéma qui pose sur la communication une certaine structure temporelle et, par exemple, une norme de modération et de pondération du contenu, on a certes encore l'illusion d'une communication originale pendant un certain temps, mais elle est d'ores et déjà déterminée en ses points essentiels par la superstructure de l'institution. Ce n'est pas comme si je téléphonais, mais comme si les personnes en liaison téléphonique ne pouvaient se répondre qu'en utilisant les formules toutes faites qu'on trouve sur les cartes de vœux de la poste. Ce schéma fondamental ne fonctionne toujours que dans une seule direction.* (Kluge, 1983, p. 47)

(25) Glaser, 1984, p. 2.

(26) Les médias audiovisuels sont en outre responsables d'une réduction de l'activité cérébrale en supprimant ou en faisant disparaître de la conscience le processus dialectique d'abstraction et de concrétisation. On voit alors resurgir un phénomène analogue à celui qui apparaît dans le développement infantile ou dans certaines maladies (cf. Obuchowski 1982, p. 68 sq.) où la pensée et l'utilisation du langage sont étroitement liées à la situation. Ce phénomène, que l'on pourrait appeler « situationnisme secondaire », consiste dans le fait que les formules linguistiques ou iconiques se fixent dans la mémoire sans détour par la conscience – et sans entraîner par conséquent un effet rétroactif sur l'expérience personnelle. La formation de la conscience dans le sens que nous lui prêtons ici peut ainsi être entravée durablement. Cf. Krovoza 1976 et Kluge 1983, pp. 43-60, en part. p. 44.

2.3. L'école et l'émiettement de la conscience

Parce qu'elle est une institution sociale, l'école reproduit – en toute logique – la spécialisation et le morcellement observés au niveau de l'organisation du travail : les élèves sont répartis entre différentes filières scolaires, qui règlent l'accès à des disciplines et à des contenus spécifiques. Le cloisonnement entre les différentes disciplines n'est que rarement surmonté, si ce n'est à l'occasion de projets pédagogiques interdisciplinaires. Ainsi, il est presque sûr qu'on ne transmet pas de manière systématique aux élèves une approche globale, pourtant indispensable si l'on veut leur permettre d'agir de manière responsable et autonome. Les objets pédagogiques se présentent la plupart du temps aux élèves comme une accumulation de matières réparties entre différentes disciplines, sans lien entre elles. Ce système entrave le développement harmonieux de la personnalité par une parcellisation de la conscience, une séparation entre conscience, valeurs et action. Lorsqu'elle est conçue comme une adaptation optimale des ressources humaines au marché du travail, la mobilité veut dire à la fois spécialisation et manipulation[27].

2.3.1. Contre l'isolement dans la compétition

On sait depuis longtemps que l'école ne transmet pas seulement un savoir, mais aussi les vertus bourgeoises et une morale du travail reflétant un certain type de société. Il

---

(27) Cf. Baumgratz/Neumann 1980, pp. 163-166. Cette opinion est aussi défendue dans le rapport de Pierre Bourdieu et François Gros établi à la demande du ministère de l'Éducation nationale : «Principes pour une réflexion sur les contenus de l'enseignement», *le Monde de l'éducation*, avril 1989, pp. 15-18.
On ne pourra introduire une certaine cohérence que si le contenu scientifique n'est pas limité à une discipline. Il est nécessaire au contraire d'intégrer les connaissances psychologiques, et en particulier pédagogiques, qui montrent que la conscience est modifiée dans son ensemble à chaque nouveau processus d'apprentissage – comme le font les travaux théoriques de la psychologie soviétique et polonaise sur lesquels s'appuie notre travail.

apparaît clairement que les élèves sont formés, par le système de la compétition aux résultats et par ses mécanismes de sélection, en vue d'une compétition éliminatoire[28]. L'objectif premier n'est pas de favoriser la convivialité, pas plus qu'une qualité des relations humaines – valeurs qui font virtuellement partie du concept de communication – mais d'habituer à la compétition, à jouer des coudes et à s'isoler dans la performance individuelle, en concurrence avec d'autres performances individuelles, au lieu d'initier à la coopération[29]. L'école contribue donc à l'isolement au lieu de le réduire. On ne saurait faire abstraction de ces conditions scolaires si l'on veut lier à l'acquisition d'une langue l'acquisition conjointe d'un comportement.

2.3.2. Les manuels scolaires

À notre avis, les manuels ont eux aussi trop souvent tendance à assimiler l'acquisition d'une langue étrangère à une opération de change : contre mes mots, j'échange des mots étrangers équivalents, mais qui ne m'apportent aucune autre signification que celle que je connais déjà, ou qui comblent une lacune de mon expérience parce que les contenus ou les situations auxquels ils se réfèrent sont inconnus dans mon environnement – conformément à une conception purement instrumentale de la langue. Une acquisition de ce genre n'offre aucun appui à la compétence transnationale et transculturelle, car elle ne s'accompagne ni d'une formation de la conscience fondée sur la comparaison, ni d'une «formation conceptuelle transculturelle» consciente de sa dimension évaluative.

---

(28) Cf. Ullrich 1980, pp. 469-498.

(29) Cf. aussi Melde 1987, p. 33 *sq.*. Cette généralisation ne concerne sûrement pas tous les professeurs et toutes les écoles. Dans les années soixante-dix en particulier des initiatives importantes ont apporté des changements sensibles dans les relations élèves/professeurs et dans l'attitude des élèves, ainsi que dans la didactique de certaines disciplines. Cette indication se révèle toutefois pertinente pour le domaine de l'enseignement des langues étrangères resté jusqu'à présent hermétique aux réflexions pédagogiques d'ordre plus général.

Un exemple d'utilisation de textes authentiques dans un dossier destiné aux classes du secondaire en Allemagne permettra d'illustrer ce problème : si, à propos d'un texte français authentique sur la peine de mort en France, on pose aux élèves la question : «Êtes-vous pour ou contre la peine de mort ?», cette façon de poser la question rend superflus toute confrontation avec le problème de la peine de mort dans le contexte français et, par là même, un certain rapport critique envers l'état de la question dans sa propre société, lequel suppose toujours d'établir des rapports historiques.

Lorsque les normes et les valeurs sont considérées comme des universaux abstraits, il ne reste aucune place pour la confrontation avec la réalité. L'analyse du texte se contente alors d'éplucher soigneusement le pour et le contre dans l'argumentation de l'auteur, sans même se soucier d'une compréhension du texte qui ne pourrait faire l'économie d'un examen des rapports à l'histoire et à la réalité sociale concrète de l'autre pays et du sien. Les questions deviennent conventionnelles et apolitiques parce qu'elles sont réduites à des abstractions privées de toute dynamique historique. La communication devient elle-même une relation d'échange abstraite, masquant les oppositions, rendant superflus tous les efforts de compréhension réciproque et de meilleure organisation des relations. Or, c'est justement sur ce type de questions normatives que chacun (par exemple l'élève allemand dans la famille française) risque d'être rattrapé par l'histoire. Le nivellement, réel, des différences dans les conditions de vie de deux sociétés de même structure fondamentale, ne doit pas masquer le rôle joué par les expériences historiques nationales, qui influencent la disposition à l'égard des étrangers, aussi et en particulier parce que, comme nous le verrons bientôt, les médias se servent très souvent d'images et de schémas d'interprétation d'origine historique pour situer les événements actuels.

L'écart entre la langue écrite et les dialectes régionaux (sans parler des langues régionales) est généralement négligé par les manuels. Les élèves sont seulement préparés à comprendre ceux qui parlent la langue «soutenue» (la population intellectuelle de Paris, en particulier). Ainsi, ils ont premièrement une perception normative du bon usage de la langue, et deuxièmement, ils éprouvent des difficultés à comprendre les locuteurs des dialectes régionaux[30]. Cela ne manque pas de poser des problèmes pour le tourisme et pour les échanges scolaires, les élèves étant le plus souvent en vacances dans des régions à forte coloration dialectale, comme par exemple le Midi, mais aussi confrontés avec la province française dans les échanges scolaires.

Les «familles» fictives des manuels de langue présentent d'ailleurs en général un milieu moyen abstrait situé quelque part en Europe de l'Ouest, qu'on ne saurait considérer comme exempt de toutes valeurs, car les normes sociales d'une famille de classe moyenne «typique» sont ici présupposées. On nivelle ainsi les caractères essentiels d'une réalité socioculturelle et géographique diverse en se privant en plus d'importantes ressources pour motiver les élèves.

2.4. Une forme de la mobilité organisée : le tourisme

Les formules qui président à l'organisation des loisirs ont aussi une influence sur la socialisation. Il suffit aujourd'hui d'ouvrir un journal pour percevoir l'importance économique prise par le tourisme, que l'on peut considérer comme le fruit de la séparation entre travail et loisirs. L'adaptation du rythme biologique humain aux rythmes abstraits, mécaniques, nécessite des phases de régénération. Ce phénomène se trouve encore aggravé par le développement de l'habitat urbain, par une transformation et un éloignement de la nature. Le tourisme est donc une réponse à une fracture de

---

(30) Il n'est ici question que de compétence réceptive : il est évident que l'enseignement du français à l'école n'a pas pour vocation de transmettre une compétence active dans les dialectes régionaux ou les sociolectes. Il serait de toute façon impossible, voire ridicule, qu'un étranger qui n'est pas né ou qui n'a pas grandi dans le contexte correspondant parvienne à les maîtriser.

la personnalité engendrée par les rapports sociaux eux-mêmes. Une personnalité scindée entre le travail et la consommation, réduite de toute part, et que les loisirs doivent rendre disponible aux processus économiques ainsi qu'à la forme de reproduction sociale qui y est attachée. Il est donc important d'examiner de quelle manière le tourisme ou l'échange (échange d'élèves ou d'étudiants, jumelage, échange d'appartements de vacances) nous mettent en contact avec des étrangers ou une réalité étrangère.

Le tourisme encourage-t-il la rencontre, la communication, l'entente avec des hommes d'autres pays et d'autres cultures ? Cette question en appelle d'autres :
– Quel type de relation établit-on avec les étrangers, leur pays et leur culture ?
– Quelles motivations, exprimant des besoins engendrés par les conditions sociales, amènent à faire appel au tourisme ? (dialectique de la production et de l'organisation sociale des besoins)
– Quel est le rapport entre le tourisme et l'échange ou le «voyage» ?

Le tourisme organisé s'empare des rêves des hommes et – point décisif dans notre contexte – il les organise en proposant du «rêve en conserve» contre de l'argent. On peut en recenser les traits communs :
• Ils sont limités de manière précise dans le temps, aller et retour faisant en général partie du contrat, qui tient compte des dates de congés propres au monde du travail.
• Rêves et publicité sont étroitement imbriqués et déclinés en fonction des capacités financières des groupes auxquels s'adresse le message – dans une relation d'échange (marchandise contre argent).
• Le pays de destination est résumé dans la présentation du programme touristique et préserve de toute surprise.
• Il suggère une habitude du voyage et ainsi une certaine forme de mobilité socialement valorisée.

La tendance à l'élimination des surprises (et surtout, naturellement, des mauvaises) s'accroît : l'aventure n'échappe pas à la conserve. Plus on voyage loin, plus on prend soin d'isoler le touriste du contexte social du pays d'accueil, de sorte que l'infrastructure touristique se présente comme un îlot familier noyé dans un environnement de rêve, débarrassé des aspects désagréables de la vie quotidienne dans la société de départ : certaines conventions, comme celle interdisant le nudisme par exemple, sont ainsi mieux respectées chez soi, en raison d'un contrôle social plus strict[31].

Les relations des touristes avec la population locale font en général partie du rêve en conserve, et ce à bien des égards :
– Les autochtones forment le personnel de service des hôtels dirigés de préférence par des Allemands ou des Suisses, afin d'inspirer confiance.
– Ils sont présentés comme un piment exotique de «l'aventure» (safari, soirée folklorique) ; généralement comme un élément pittoresque assimilé au paysage.
– Ils sont commerçants, et ils proposent alors d'autres rêves en conserve (souvenirs) que l'on peut remporter chez soi, dans son milieu quotidien.
– D'autre part, les groupes de la population qui n'ont rien à voir avec le tourisme sont le plus souvent une circonstance gênante et parasitaire de la consommation de soleil et de paysage, qu'il s'agisse de voleurs, de pauvres et de mendiants dans les bidonvilles, qui font tache dans le tableau – encore que la pauvreté à la campagne puisse être perçue comme un trait pittoresque. Il peut s'agir encore d'hommes dont les intérêts sont tout sauf touristiques, comme par exemple les vignerons français, qui, par une grève générale dans le sud de la France en 1980, ont suscité un profond mécontentement chez les touristes.

2.4.1. À chacun selon ses moyens

Le rapport entre le pays d'origine des touristes et le pays d'accueil est naturellement décisif pour la présentation de la conserve. Il détermine le caractère plus ou moins ouvert de la formule de voyage (immersion dans un environnement

---

(31) Nous essaierons de montrer à quel point ces activités touristiques influent sur les conditions d'existence de la population locale, perturbant les relations sociales, les traditions, la structure économique et le paysage lui-même – pas toujours au profit de cette population locale – en prenant l'exemple de la Bretagne et du Languedoc-Roussillon, étudiés dans nos modules d'enseignement (Schumann 1985, Ammon *et alii* 1987-1988).

convoité, comme peut l'être par exemple l'univers français, ou bien isolation d'un univers quotidien ressenti comme étranger et plutôt menaçant). Le niveau de vie et la position du pays d'accueil dans les rapports économico-politiques internationaux jouent bien entendu un rôle. Le prix du séjour et le coût de la vie dans le pays sélectionnent ses visiteurs, ce qui entraîne une conséquence plutôt paradoxale : ce sont en effet les gens qui ont les plus grandes peurs de l'étranger et le moins de préparation à ce qui les attend, souvent nourris de préjugés et de clichés, qui vont vers les pays les plus éloignés de leur environnement habituel, car ils sont en général meilleur marché, alors que ce sont, à l'inverse, leurs compatriotes plus fortunés qui peuvent se permettre de voyager individuellement dans les pays européens, surtout quand ils ont en plus les connaissances en langues étrangères qui leur permettent un meilleur accès à la réalité quotidienne du pays étranger.

Dans tous les cas, les risques sont soit dissimulés et minimisés, soit couverts par des assurances (jusqu'à la météo, comme chacun sait). Les conditions de voyage et d'assurance sont un moyen supplémentaire de discipliner le touriste afin qu'il évite de lui-même de prendre certains risques, qu'il ne tente pas certaines « aventures ». Ainsi s'explique le succès croissant de « l'aventure en conserve ». L'objectif le plus important, le profit de l'entreprise, est atteint dès qu'on a réussi la médiation entre l'appréciation psychologique du public et la constitution, ou la canalisation des besoins sous forme de rêve en conserve. Le cercle se referme quand la valeur utilitaire répond aussi subjectivement aux besoins suscités de manière artificielle par la publicité : le tourisme est alors spéculation sur la « base naturelle » (Krovoza) des relations humaines. Qu'elles soient réduites ou canalisées, elles restent néanmoins ardemment souhaitées, car elles contribuent d'une manière décisive à la satisfaction réelle du client (s'il tombe amoureux, par exemple, toutes les carences de l'hébergement, de la météo ou du paysage seront oubliées).

2.4.2. Le devoir d'être heureux

C'est pourquoi le principe d'animation inventé par le Club Méditerranée ne cesse de se développer. « Happiness » :

derrière cette formule magique se cachent à la fois la mise en conserve et un redoutable moyen de pression psychologique. Le vacancier doit être satisfait; il n'a pas droit aux mauvaises expériences. Il se doit aussi de rentrer bronzé, sans quoi il ne justifierait pas le fait d'être parti. On ne cherchera pas à connaître ses impressions, mais les signes physiques et les conserves de vacances sous forme de photos, de films et de souvenirs. Cela n'empêche pas l'industrie du tourisme de miser sur la représentation fort ancienne et préindustrielle du voyage, fondée sur la découverte de cultures et de pays étrangers. Cette forme de familiarité avec le monde, voire de cosmopolitisme, cette manière d'élargir son horizon, naguère réservée à une toute petite minorité, est récupérée pour la masse, mais réduite à une forme adaptée aux capacités financières de chacun et au niveau de culture qu'on lui suppose, c'est-à-dire privée autant que possible de tous les risques personnels et matériels éventuels.

Tout l'attrait de cette conception du voyage tient aussi au fait qu'elle représente une certaine démocratisation d'une pratique réservée, il n'y a pas si longtemps encore, à une minorité; c'est pourquoi nous ne saurions souhaiter un retour à l'ancien tourisme de luxe, qui prend aujourd'hui la forme d'un tourisme *jet set*.

Ces deux formes du voyage à l'étranger n'effleurent en rien le contenu utopique que recèle le concept de rencontre entre les hommes et les cultures. C'est justement cette rencontre qui est aujourd'hui encore recherchée, en particulier par les intellectuels, qui rêvent (la plupart du temps en vain) de voyages à travers des contrées «non touristiques» – contradiction insurmontable du tourisme de masse.

2.4.3. Échanger pour communiquer

Seule l'unité entre le travail et le voyage, qu'on peut encore trouver chez le compagnon itinérant, ou chez le poète, permet à la rigueur de se faire une idée de ce que signifie la rencontre, qui est une manière de lier connaissance avec des hommes étrangers et de découvrir leur vie quotidienne, et qui suscite une confrontation plus intense avec la société et la culture d'accueil. Ces situations se renouvellent, quant à leur forme,

dans les échanges : échanges entre élèves ou étudiants, jumelages, séjours dans les familles de collègues étrangers, etc. Les
possibilités et les formules sont nombreuses.

Mais pour que ces situations débouchent sur une rencontre, il faut construire des dispositions de comportement
et proposer des modes d'action permettant de surmonter les
aspects de la situation qui sont justement éliminés par la
forme touristique de la (non-)rencontre. Le tourisme, en tant
que rapport d'échange institutionnalisé, empêche la communication, c'est-à-dire la perception de l'autre en tant que
sujet avec ses propres qualités et des modes de comportement spécifiques. La relation d'échange ne fait qu'actualiser
la dévalorisation des qualités subjectives et culturelles entreprise par la publicité, qui les transforme en propriétés du
paysage-marchandise. On ne fait plus que comparer le paysage réel avec la publicité et ses promesses. C'est à peine si
on met en relation l'étranger avec ses propres références,
afin par exemple de se comprendre et de comprendre mieux
les autres. Au pire, on ne fait que confirmer les préjugés
(qu'ils soient négatifs ou positifs). Le tourisme sous les aus-
pices du capitalisme peut ainsi être défini comme une forme
institutionnalisée de non-communication.

Seul un contact qui ne serait pas institutionnalisé
d'emblée dans un rapport d'échange au moyen de l'argent,
au même titre qu'une marchandise, mais qui serait un
échange (de valeurs d'usage) immédiat et direct permettrait
de sauver l'idée de la rencontre, de la curiosité et de l'ouverture envers l'étranger. Il va de soi qu'une telle situation renferme à la fois plus de chances et de dangers que le tourisme, car on se trouve alors confronté plus immédiatement
aux espoirs, aux représentations – et aussi aux préjugés –
ainsi qu'aux conditions d'existence concrètes des autochtones[32]. Ce sont les chances et les risques de cette relation
qui nous intéressent dans l'échange lorsque nous réfléchis-
sons aux moyens d'affronter les situations de communication transnationale et transculturelle (en prenant pour
exemple l'échange scolaire).

––––––––––
(32) Cf. Canetti 1984.

3

Mobilité et compétence de communication

Nous avons vu que les processus internes à une société ne sont pas seuls à jouer un rôle dans la socialisation des individus, mais qu'il faut y inclure aussi les relations historiques et actuelles qu'une société ou un État national entretiennent avec l'extérieur. Ce point est d'importance capitale pour la question de la compétence communicative transnationale et transculturelle telle que nous la comprenons, du fait que la presse et la télévision donnent quotidiennement, dans le cadre des informations sur les événements internationaux, des interprétations du rapport à l'étranger et aux étrangers. La compétition économique interne entre les individus se retrouve dans la compétition extérieure entre les sociétés, même si les multinationales ont depuis longtemps étendu leurs ramifications à travers les économies nationales.

Les nombreuses facettes de la signification historique du concept de mobilité et son sens actuel nous obligent à reconnaître l'ambivalence de ce concept. D'une part, il s'agit d'une catégorie fondamentale de l'évolution sociale et de l'espèce humaine, en particulier au cours des cent cinquante dernières années, et d'autre part nous sommes en présence d'un concept chargé de valeurs, aussi bien positives que négatives, situées au cœur du débat dans lequel les responsables de politiques sociales et de formation sont actuellement impliqués.

3.1. Dynamiser les concepts

Nous percevons un lien étroit entre la **mobilité** et la **capacité de communication**, et c'est pourquoi il importera pour nous d'esquisser les conditions qui permettront d'associer mobilité et capacité de communication dans un rapport productif. Sans une préparation conséquente à l'inconnu et à la confrontation avec les exigences de la communication, qui mettent à rude épreuve les capacités des individus, la mobilité peut entraîner une insécurité et une perte de confiance en soi. La peur latente de l'inconnu se trouve littéralement mobilisée et peut engendrer une réaction de rejet. Les effets négatifs s'accumulent. Une mobilité positive et qualifiante suppose un repérage rapide et une maîtrise des situations étrangères inconnues, ainsi que leur exploitation constructive, tout comme la capacité de coopérer et de résoudre en commun les problèmes.

Ce concept de mobilité active est en contradiction avec celui qui signifie aliénation et perte de la cohérence. Il va à l'encontre du morcellement, de la spécialisation et de l'atomisation du savoir, et il touche au style d'apprentissage et d'enseignement en usage.

La mobilité ainsi comprise signifie pour la conscience : capacité à saisir des contextes, à situer l'étranger dans des systèmes de références connus, sans le déformer, capacité à synthétiser les situations étrangères, à les surmonter par la communication et la coopération, ce que la didactique des langues étrangères désigne du terme de négociation de sens *(Sinnaushandlung, negociation of meaning)*.

Les éléments, à première vue si disparates, qui relient mobilité, aliénation et communication, apparaissent ainsi comme les composantes psychosociales d'un seul et même concept : la mobilité sociale exige une nouvelle qualité psychique du sujet, afin que les concepts d'existence individuels, et que le développement démocratique de la société soient toujours possibles, voire qu'ils atteignent un niveau supérieur : *En effet, l'avenir tel qu'il se présente ne nous laisse plus le choix. Si nous voulons nous maintenir en tant qu'espèce, il est temps de mieux cerner et contrôler nos réalités culturelles et psychologiques[33].*

La distinction opérée par Horst von Gizycky entre «constatation» et «production» de la réalité a naturellement des conséquences sur notre compréhension de la socialisation, en particulier pour ce qui concerne l'éducation et l'apprentissage. Théorie et pratique, c'est-à-dire la réalité sociale et son interprétation scientifique, sont elles-mêmes soumises au rapport de tension entre la constatation de ce qui est (*Ist-Zustand*) et la production de conditions d'existence désirées et jugées meilleures, impliquant des traits de personnalité et des comportements spécifiques. Mais pour répondre à l'esprit d'une utopie concrète (telle que celle qui a été formulée par Ernst Bloch), cette production doit tenir compte des possibilités offertes par la situation.

Cela suppose de dynamiser et de réévaluer l'ensemble des concepts en les sortant de leur emploi habituel inconscient ou semi-conscient. En tant que concepts dynamisés, ils transcrivent le rapport de tension entre l'état des choses, dont la description constitue l'essentiel de la plupart des théories qui se fixent pour objectif l'adaptation à cet état – c'est aussi le cas malheureusement de nombreuses théories de la socialisation – et l'anticipation d'un état qui doit être, dont la norme se fonde sur des valeurs telles que la dignité humaine, l'humanisation de la société[34] et la coopération internationale, sur lesquelles repose notre conception de la compétence communicative transculturelle et transnationale.

Cette dynamisation correspond au concept pédagogique de «contre-projet» : l'élaboration, à partir des conditions réelles, d'une perspective éducative chargée d'exploiter le contenu utopique, non réalisé, de concepts tels qu'humanisation, dignité humaine et bonheur.

(33) Pierre Casse/Surinder P. S. Deol : *la Négociation interculturelle.* Paris, Chotard et associés, 1987, p. 13.

(34) Cf. Bornemann, 1981, pp. 464-469.

3.2. Sortir de la classe

L'apprentissage des langues étrangères doit donner la chance de percevoir l'autre comme une personne humaine dans son contexte et de nous investir nous-mêmes, avec notre propre bagage culturel national et social, dans la relation. La barrière intellectuelle, et surtout émotionnelle, de la langue dans la communication doit, au cours du processus d'apprentissage, se transformer en une possibilité de sauver le sujet, et par là même, la qualité des relations entre les hommes et entre les sociétés. Il s'agira de sauver la différence créatrice, la perception et la connaissance des diverses possibilités d'aborder l'existence, sans abandonner toute distance critique, en suscitant une réelle inspiration réciproque.

Comme dans tous les processus dialectiques, la facilité du voyage offerte par le tourisme de masse a aussi, quels que soient les effets négatifs que nous avons mis en évidence, incité de plus en plus d'hommes et de femmes à entreprendre une rencontre hors de tout échange. Il faut aussi encourager cette tendance par l'éducation.

Jusqu'à présent l'école était trop peu consciente des implications psychologiques de l'échange scolaire, et c'est pourquoi elle a laissé les élèves et les professeurs affronter seuls les difficultés. Beaucoup se sont sentis découragés et on n'a pas suffisamment exploité la chance que représente l'échange, lorsqu'il est lié à l'enseignement des langues étrangères, de permettre d'investir les acquis dans une situation réelle et, en même temps, de faire l'expérience concrète d'une autre réalité[35].

C'est pourquoi le développement d'une compétence communicative transnationale ne passe pas seulement par l'enseignement de la langue étrangère à l'école, parce que ce dernier reste nécessairement abstrait à l'égard de la réalité vécue du pays visé et de la communication réelle, mais aussi par l'utilisation pratique des acquis en situation de commu-

---

(35) Cf. Alix *et alii* 1988.

nication, comme par exemple dans les échanges, les études
et les séjours de travail dans le pays cible, situations préparées, dans lesquelles les apprenants sont assistés, et qui sont
exploitées en tant qu'expériences de communication transculturelle.

Sans un tel dispositif pédagogique, appuyé sur un appareil théorique, l'augmentation quantitative des échanges
n'encourage pas forcément la mobilité telle qu'elle serait
souhaitable.

Il est pratiquement impossible, dans la situation artificielle de la salle de classe, de recréer les implications psychiques de la confrontation avec l'inconnu et avec ses
propres déficits de communication; il n'existe aucune nécessité d'agir si celle-ci n'est pas «installée didactiquement»
par le professeur. Des situations d'échange non préparées
peuvent produire le contraire de l'effet recherché, mais elles
soulèvent, en revanche, les vrais problèmes de communication, tels que la gêne et l'inhibition et elles créent les incita-
tions réelles à agir. L'apprentissage socioculturel qui doit
accompagner celui des langues étrangères ne trouvera donc
un déclencheur psychique réel que dans les situations
réelles. Pour qu'il soit un stimulant positif, il faut élaborer
un concept de l'échange et de la rencontre avec la réalité
étrangère qui développe, selon la situation et les besoins de
l'apprenant, la capacité à s'orienter de manière autonome
dans des situations inconnues à l'étranger et au contact des
hommes d'une autre langue et d'une autre origine culturelle.

Ce n'est pas un hasard si, il y a peu de temps encore, il
était très difficile de convaincre le public, mais aussi les responsables de la politique de formation, et jusqu'aux professeurs, que l'apprentissage des langues étrangères doit faire
référence à la réalité et tenir compte de la disposition psychique et du niveau de conscience de l'apprenant pour atteindre
son objectif, qui est l'élargissement de la capacité de communication.

Tant que le problème était traité de manière purement
individuelle, il n'y avait aucune nécessité d'en prendre
connaissance. Mais les programmes d'échanges de grande
envergure, comme les programmes ERASMUS et COMETT, et les
nouvelles nécessités nées du marché intérieur européen,

nous font prendre conscience de ce que des organisations telles que l'office franco-allemand pour la jeunesse (OFAJ) ou l'office allemand pour les échanges universitaires (DAAD) savent depuis longtemps déjà : qu'un échange digne de ce nom est, *la plus grande source de problèmes de langue et de communication,* (R. Hermann, DFJW). Mais il est en même temps le meilleur endroit pour susciter des expériences de longue durée fructueuses, génératrices d'une réelle capacité de communication – en supposant que les personnes concernées y soient suffisamment préparées[36].

Nous avons vu que l'évolution sociale et le changement des conditions générales qui en résultent avaient, parallèlement aux obstacles que nous avons repérés, créé aussi des possibilités et des chances nouvelles pour le développement de la personnalité et le rayonnement de l'individu. Ces nouvelles possibilités peuvent avoir une influence tout à fait favorable sur la formation et l'éducation en général et sur l'enseignement des langues étrangères à l'école en particulier, qui, comme chacun sait, se réforme difficilement de lui-même, s'il n'est pas poussé par une demande sociale extérieure contraignante. Dans ce cas aussi, la formation essaie de suivre le développement économique.

■ La proclamation du marché intérieur européen a suscité un processus dont les conséquences sociales imposent de nouvelles exigences de qualification des citoyens. La part prise par les compétences linguistiques et socioculturelles apparaîtra à sa juste valeur dès que seront mis en œuvre les programmes de mobilité dans le domaine de la formation professionnelle.

Ce sont les impératifs pratiques qui mettent en question les fondements de l'enseignement des langues étrangères, bien plus que n'auraient pu le faire toutes les connaissances scientifiques concernant la dimension psychologique de l'acquisition des langues étrangères[37].

---

(36) Deux ouvrages parus trop récemment pour être intégrés à l'argumentation méritent d'être consultés sur ce point : Jacques Demorgon, *l'Exploration interculturelle. Pour une pédagogie internationale*, Paris, Armand Colin, 1989, 328 p.; et Jean-René Ladmiral/Edmond Marc Lipianski : *la Communication interculturelle*, Paris, Armand Colin, 1989, 319 p.

(37) Cf. Baumgratz, 1988, pp. 162-169.

Mais ces processus ont déclenché en même temps une dynamique qui fait de l'intégration des résultats de la psychologie du langage et de la perception d'une part, des conditions socioculturelles générales de la perception et de l'agir communicatif d'autre part, une nécessité, pour que l'enseignement des langues étrangères contribue à écarter les dangers que nous avons évoqués concernant la socialisation, la langue et la communication.

III

Fondements
théoriques
d'une compétence
transculturelle

1

La psychologie russe et polonaise

On peut formuler l'hypothèse selon laquelle la perception et l'interprétation de la réalité étrangère dépendent des expériences acquises par l'individu dans son propre contexte social et du niveau de conscience qu'il a atteint au moment initial de l'apprentissage des langues étrangères. Le développement de ses capacités à agir par la parole dans une langue étrangère, au contact d'étrangers et dans le contexte social du pays d'accueil, dépend de sa capacité de communication dans sa langue maternelle et dans son propre contexte social.

1.1. Les principes fondateurs

Pour formuler cette hypothèse, nous nous appuyons sur les résultats de la psychologie soviétique et polonaise, qui poursuit l'œuvre entreprise par l'école «historico-culturelle» fondée par Vigotsky. La recherche soviétique et polonaise intéresse notre problématique pour les raisons suivantes :
– Elle accorde à la langue un rôle central dans l'évolution de la psyché, de la perception, de la conscience et de la pensée, et aussi, lorsqu'elle entre en interaction avec les émotions, dans l'orientation de l'action[1];

---

(1) Comme le souligne Hans Aebli dans son introduction à l'édition allemande (de l'Ouest) de l'ouvrage *Ergebnisse der sowjetischen Psychologie* («Résultats de la psychologie soviétique»; d'abord publié par Hans Hiebsch en RDA): *une grande différence sépare la psychologie soviétique de celle de Piaget : l'action du langage – et plus généralement de la communication intellectuelle – dans le développement de l'enfant.*

– Elle conçoit la personnalité comme l'unité de la conscience et de la conscience de soi, et le développement du moi comme une interaction entre orientation cognitive et orientation émotionnelle;

– Par opposition aux théories behavioristes, elle prend la conscience comme un tout qui contient les conditions des nouveaux processus d'apprentissage, et qui est en même temps modifiée dans son ensemble par ces nouveaux processus;

– Elle adopte d'emblée une visée pédagogique à travers ses études empiriques et théoriques concernant l'évolution du langage[2];

– Elle considère le développement de la personnalité comme un processus qu'il est possible d'influencer par la pédagogie;

– Elle fait de l'auto-éducation, fondée sur l'auto-analyse et l'autocritique, la condition du développement de la conscience de soi et d'une personnalité autonome;

– Les différentes «images du moi» (concepts psychologiques, sociologiques et psychosociaux de la personnalité) et leur interaction (cf. Kon) sont pris en compte à part égale, offrant des points de comparaison avec l'accès à des documents authentiques et à des situations de communication transnationales;

– Grâce à son analyse dialectique des relations entre individu et environnement social, elle évite les concepts de la personnalité étroitement déterministes ou réduits à une interaction personnelle, et ne coupe pas la psyché de ses racines sociales;

– Elle définit au contraire le concept de personnalité comme un «système d'accommodation complexe» (Kon), qui pose en principe le développement de l'autonomie et d'une morale autonome (psychodynamique des motivations fondée sur une recherche active, et orientée par les valeurs morales,

Pour Piaget le langage est un épiphénomène et l'activité est considérée essentiellement comme une interaction entre l'homme et son environnement physique. La psychologie soviétique, par contre, conçoit d'emblée l'activité comme un phénomène social et le langage comme la cause et l'effet de cette interaction. Hans Aebli 1969, p. IX. C'est aussi la raison pour laquelle nous ne faisons pas référence à la psychologie de Piaget, bien plus connue dans le domaine de la didactique des langues étrangères.

(2) Voir l'application didactique de la psychologie de l'activité opérée par Galpérine, *in* Hiebsch 1969 et *Grundfragen der Psychologie*, 1980.

de l'équilibre psychique – ou «homéostase» –, dont l'activité créative et la réalisation de soi sont des composantes);
– Elle tient compte dans les concepts de personnalité des différences culturelles spécifiques (tout en se défiant d'accorder une importance excessive au concept eurocentriste de l'individu)[3];
– Elle fait de la liberté personnelle et de la création des conditions optimales de la réalisation de chaque individu la condition essentielle du développement d'une personnalité créative ayant une morale autonome;
–Elle définit les rôles/fonctions sociaux et les schémas de relations intersubjectives comme des identités virtuelles pouvant être interprétées et investies différemment selon les individus et les situations;
– Elle nous suggère d'entendre la mobilité non pas comme une adaptation unilatérale à des situations changeantes, mais comme une qualité de la personnalité autonome, qui intervient dans les situations en vue de les modifier;
– Elle établit, par le truchement du concept d'activité psychique, une relation étroite entre perception, pensée, action et communication, qui permet de mieux cerner la problématique particulière de la perception de l'étranger et de l'agir communicatif, et d'en tirer des conséquences didactiques pour l'acquisition et l'utilisation des langues étrangères.

1.2. Le rôle de la langue dans le développement cognitif

De l'avis des psychologues soviétiques et polonais, le langage assume un rôle essentiel dans le développement de la conscience et de la conscience de soi: *C'est dans ce sens qu'on peut dire d'une manière générale que ce n'est pas la langue en elle-même qui possède une signification,*

---

(3) Cf. Kon 1978, chap. II: «Das Ich als kulturhistorisches Phänomen» (Le moi en tant que phénomène historique et culturel) en part. pp. 103-132.

*mais que c'est elle seule qui permet la signification dans
la conscience*[(4)]. L'acquisition et l'utilisation de la langue
maternelle participent de manière décisive à l'élaboration
des fonctions essentielles du langage, qui sont :
– **la langue de communication** : fonction du commerce
social et entre les hommes,
– **la langue opératoire** : fonction de la pensée et fonction
stabilisatrice dans la formation de la mémoire.

> *La fonction descriptive du langage emprunte deux direc-
> tions opposées, qu'il nous faut cependant interpréter dans
> leur relation réciproque : le langage fonctionne d'une part
> vers l'extérieur, et permet la coopération et la division du
> travail entre les hommes. [...] L'essence de cette coopération
> n'apparaît qu'à partir des produits qui sont ainsi réalisés,
> c'est-à-dire des modifications que les hommes apportent à
> leur environnement naturel en aliénant dans une certaine
> mesure leur conscience et en «objectivant» leurs forces
> intellectuelles dans l'environnement. Cette conscience repré-
> sente ainsi un trait de caractère matérialisé et disponible
> pour tous les individus, constituant à part entière de la réa-
> lité concrète une réalité transformée qui, de génération en
> génération, s'érige en tradition. D'autre part, le langage
> fonctionne vers l'intérieur : il permet ainsi de généraliser,
> d'enrichir les activités concrètes et de les transformer en
> patrimoine intellectuel – généraliser, parce que les particu-
> larités dues aux occasions concrètes deviennent accessoires,
> et que les caractéristiques permanentes de l'environnement
> sont mises en évidence; enrichir, parce que située au-delà
> de l'occasion concrète, la tradition sociale est contenue dans
> les significations des moyens d'expression linguistiques.*
> (List 1981, pp. 18-19)

Mais ces auteurs soulignent cependant eux-mêmes que la
conscience et la psyché dans son ensemble ne sont pas identiques au langage. Les fonctions cognitives de la pensée sont
dans un rapport d'interaction avec les fonctions émotion-
nelles qui influent sur la perception et la pensée, la mémoire
et l'orientation de l'action.

Enfin, le niveau et l'usage du langage, aussi bien pour
des opérations intellectuelles que pour un agir communicatif, dépendent du niveau de la conscience, de l'âge, des perspectives de formation, du statut social et du niveau de déve-

---

(4) List 1981, p. 19.

loppement moral. Cela signifie que les individus ne réalisent pas l'ensemble des possibilités du langage, mais qu'ils pensent et communiquent à l'aide du langage dans le cadre de leur patrimoine génétique et en obéissant aux influences de l'éducation et de l'environnement, de leur âge et de leur biographie.

C'est pourquoi nous allons tenter d'énumérer les conséquences de la socialisation en langue maternelle, du développement de la conscience et de la compétence communicative dans l'environnement de la société d'origine sur le développement de la personnalité, et de montrer de quelle manière ils influencent le processus d'acquisition de la langue étrangère, l'usage communicatif de cette dernière dans le pays cible et avec ses habitants.

Nous aborderons d'une part le rapport entre langage et développement de la conscience, puis le développement de la personnalité et son orientation vers l'action dans un contexte social donné. Puis viendront quelques réflexions sur les différents points de départ pour l'acquisition des langues étrangères selon le niveau de développement de la conscience, le contexte social, les expériences de formation, les relations et les activités des apprenants. Pour parler en termes de didactique, il s'agit des implications théoriques du concept de «centrage sur l'apprenant».

La raison en est, entre autres, que nous ne pensons pas, contrairement à Gudula List[5] qu'il y ait un âge «idéal» pour l'acquisition des langues étrangères ou bien même qu'à partir d'un certain âge on ne puisse plus apprendre convenablement les langues étrangères. Dans un concept fondé sur une théorie de la socialisation, le point de départ des nouveaux processus d'apprentissage intègre les expériences d'apprentissage précédentes, le niveau du développement individuel de la personnalité, de la conscience et de la morale.

---

(5) List 1981, p. 150 *sq.*

1.3. Types de langues
et perception de l'étranger

Si nous voulons comprendre pourquoi, par exemple,
l'anglais est devenu l'instrument de la communication scientifique internationale dans le domaine des sciences de la
nature et de la technique, fonction qu'il remplit de manière
tout à fait satisfaisante aux dires de nombreux scientifiques,
il faut examiner les différentes fonctions assumées par le
langage dans le contexte social. Dans des systèmes sociaux
hautement complexes tels que les nôtres, les fonctions du
langage se différencient de plus en plus : nous voyons se
développer des métalangages scientifiques et techniques,
des langages purement opératoires (par exemple l'anglais
dans la navigation aérienne) qui se servent du matériau linguistique de la langue de communication ordinaire. Or, la
différence essentielle entre les métalangages, les langages
opératoires et la langue de communication réside dans la
formation des concepts.

Les métalangages et les langues opératoires s'efforcent
de présenter un contenu conceptuel le plus univoque possible ; le déroulement d'opérations et de procédures standar-
disées se trouverait perturbé de manière sensible s'il était
nécessaire d'interpréter les concepts. L'élimination de tous
les éléments de sens perturbateurs qui ne servent pas directement le but de l'opération est l'impératif majeur de la définition conceptuelle des métalangages et des langues opératoires. L'anglais a acquis cette qualité dans certains
domaines de la science et de la technique. Mais cet anglais
n'a que peu de rapports avec l'anglais qui est le moyen de
communication d'une société.

L'économie de la langue quotidienne, qui doit englober
tous les domaines de l'existence, va exactement à l'opposé
de la métalangue. Les utilisateurs de la langue ordinaire que
nous sommes tous s'efforcent d'intégrer le plus grand
nombre possible de significations dans un nombre fini de
mots disponibles. C'est pourquoi les concepts quotidiens
nécessitent une part importante d'interprétation. Leur sens

s'éclaire au cours de l'utilisation par les individus dans un rapport d'interaction entre des personnes. C'est le caractère univoque de la situation qui permet la communication quotidienne, dont la forme standardisée se fonde sur des conventions d'origine historique, transmises aux individus par la socialisation. Il s'agit aussi bien de conventions sociales générales que de conventions de groupes, répondant à certains besoins, à certains intérêts, à certaines exigences professionnelles précises. Dans l'ouvrage *Gesellschaftliche Bedeutung und sprachliches Lernen*, Ulrich Schmitz (1978) a montré comment un potentiel de significations sociales disponibles ne prend un sens particulier pour l'individu qu'à partir du moment où il est employé. Et le sens individuel n'est qu'une interprétation restrictive de significations déjà présentes.

La langue littéraire doit être considérée comme un cas particulier de la langue de communication. Ainsi que l'a montré Jurij Lotmann[6], la langue de communication quotidienne est le système de référence indispensable de la langue littéraire, parce que le texte artistique s'efforce, par des moyens rhétoriques, de dévoiler certaines significations, de mettre à jour les éléments sémantiques enfouis en les sortant de leur contexte habituel. En outre, la «fonction anthropomorphisante de l'esthétique»[7] dont parle Lukàcs montre à l'évidence que la littérature se constitue dans la relation avec le sujet, qu'elle reflète le monde selon la perspective des sujets.

Pour la communication transnationale, cela signifie que le locuteur étranger ne dispose pas d'emblée de la signification sociale des concepts dans l'autre langue. Si l'on ignore ce fait en utilisant naïvement un dictionnaire, on risque très facilement de projeter sur le mot étranger des significations tirées de son propre contexte social, et le sens, pour celui qui examine un document en langue étrangère, ou qui communique avec des étrangers, ne résultera pas d'une confron-

---

(6) Lotmann, 1973

(7) *Exprimer les rapports sociaux comme des relations des hommes entre eux [...] est une des grandes prouesses de l'art. Ainsi seulement peut-on évoquer conformément à la vérité l'unité contradictoire de l'intérieur et de l'extérieur, du social et du personnel.* (Lukàcs 1972, t. II, p. 127)

tation attentive de la signification dans son propre contexte culturel avec le contexte étranger, mais d'une simple projection du contexte ordinaire de sa langue maternelle sur l'usage de la langue étrangère. Les scientifiques qui pratiquent l'anglais dans leur discipline savent combien il est difficile de communiquer avec cette langue dès qu'on veut l'employer en dehors du laboratoire de recherche.

L'équivalence lexicale entre les mots *Schule/école*, *Mann/homme*, *Frau/femme*, *Partei/parti*, *Umwelt/environnement*, etc. vise une certaine identité de signification, identité croissante à mesure qu'on s'élève dans la généralité et qu'on s'éloigne de toute réalité concrète, historique et sociale. On explique ainsi, par exemple, la portée générale de valeurs universelles, telles que «dignité humaine», «liberté», etc., qui dépassent les limites des sociétés particulières.

Mais notre expérience nous a cependant appris que ces universaux n'ont de signification concrète que lorsqu'ils sont placés dans un contexte social déterminé : ce qui vaut pour ces universaux vaut aussi de manière plus restreinte pour l'usage des concepts quotidiens. La possibilité de généraliser permet d'établir des équivalences lexicales entre les mots de la langue maternelle et ceux de la langue étrangère. Cela suppose d'autre part qu'ils visent un élément commun dans la conscience. Cependant, plus cet élément commun est rapproché de la réalité sociale, plus il est nécessaire de prendre en compte l'emploi dans les conditions de cette réalité, c'est-à-dire de la marge d'interprétation dans l'autre société, et de la comparer avec la marge d'interprétation du mot ou du concept équivalent dans sa propre société. Dans la conscience toutefois, le concept garde son unité de sens général commun et de constellations de sens particulières dans les deux sociétés.

Par conséquent, le mot étranger ne représente pas un sens «tout à fait différent» mais une certaine constellation sémantique de nature historique et culturelle dans l'autre société, qu'on peut résumer dans un concept à un niveau de généralisation supérieur, qui intégrera également un extrait de la réalité de la société d'origine. Il est vrai que l'équivalence lexicale trouve ses limites dès qu'il n'y a plus, dans la réalité étrangère, d'équivalence ou de correspondance au

même niveau pour un mot ou un concept[8]. Plus on explore
en profondeur la réalité concrète de deux sociétés, plus la
différenciation des concepts s'avère nécessaire. En ce qui
concerne la perception, la compréhension et l'interprétation,
cela implique que les concepts développés dans le contexte
de la langue maternelle puissent intégrer de nouveaux contenus. Parce que la langue de communication nécessite une
interprétation, la négociation de sens est déjà un élément
essentiel de la communication entre locuteurs de même
langue maternelle. Elle est d'autant plus importante entre
des locuteurs de langues ou d'origines nationales et culturelles différentes. Il apparaît de manière évidente que
l'acquisition d'une langue étrangère doit faire une part
importante à l'acquisition de la signification sociale des
concepts étrangers.

1.4. Formation des concepts en langue maternelle

La psychologie de l'activité et des émotions de «l'école
historico-culturelle» postule une organisation hiérarchique
de l'information dans la conscience. Après avoir analysé une
masse de résultats d'enquêtes, Obuchowski propose

> *une conception personnelle du concret et de l'abstrait comme
> deux systèmes d'organisation de l'information, à l'aide des-
> quels sont accomplies des opérations cognitives contraires.
> Le système concret s'applique à la différenciation du monde.
> Les opérations cognitives accomplies à ce niveau mènent à
> une «image du monde» toujours plus différenciée. Le sys-
> tème abstrait vise l'assimilation et les opérations cognitives
> accomplies à ce niveau mènent à la création de «modèles du
> monde» avec un degré d'universalité variable. Tout en
> maintenant le fait que l'abstraction est indispensable à
> chaque niveau de l'orientation, il a été proposé de désigner
> le système abstrait comme «hiérarchique», car son trait spé-*

---

(8) Voir à ce propos les différences de pratiques pour le maintien de la
discipline entre la France et l'Allemagne, telles qu'elles sont présentées
dans *Vivre l'école* (Alix *et alii* 1988, p. 67 *sq.*).

> *cifique est que les opérations d'orientation à ce niveau doi-*
> *vent être accomplies au moyen des concepts qui sont dans un*
> *rapport de subordination hiérarchique (correspondance à*
> *un niveau de généralité plus ou moins élevé). C'est cette hié-*
> *rarchisation des concepts (du point de vue de leur niveau de*
> *généralité) qui permet une assimilation créative des infor-*
> *mations venues de l'extérieur aux modèles du monde déjà*
> *présents.* (Obuchowski, 1970, pp. 325 et 327)

Obuchowski situe le langage métaphorique sur le plus haut niveau du système hiérarchique d'organisation de l'information, siège de la créativité. La pensée est ainsi mise en relation étroite avec le langage, sans pour autant lui être totalement identifiée. Dans cette perspective, les métaphores sont préconceptuelles. Les métaphores artistiques fondent des relations inhabituelles entre les images : ces formes esthétiques de la connaissance peuvent aussi anticiper les formes scientifiques, comme Obuchowski le montre en citant Einstein[9]. Dans cette conception, les métaphores sont défi-nies comme une pensée «préconceptuelle». Mais la pensée imagée n'étant pas dénuée de présupposés, il faut considérer que la pensée métaphorique est aussi liée à un contexte social et à son arrière-plan historique, ainsi qu'au degré d'évolution du rapport entre la langue et la réalité concrète.

En d'autres termes, les concepts pratiques et discursifs acquis à l'école, à l'université et dans la formation profes-sionnelle, ou encore par les processus de communication au

---

(9) *Une série d'informations puisées dans le domaine de la création scientifique attestent également une parenté intéressante entre la «pensée créatrice inarticulée» et le système polyconcret; tout semble indiquer que les résultats d'une opération d'un système extra-linguistique apparaissent sous forme d'images, avant d'être verbalisées (souvent après une longue «incubation»). [...] Voici le témoignage d'Einstein (citation empruntée à Hilgard 1967): «Ces idées n'apparurent pas dans une formulation verbale. D'une manière générale, je pense très rarement en mots. L'idée vient, et ensuite je peux tenter de l'exprimer en mots. Au long de toutes ces années, j'étais pris par le sentiment d'être tendu, de m'efforcer à parvenir à quelque chose de concret. Il est naturellement difficile d'exprimer cette sensation avec des mots, mais cependant les choses étaient exactement ainsi, et c'est cela qu'il faut nettement distinguer des réflexions ultérieures sur la forme rationnelle de la solution. À la base d'une telle recherche, on trouve toujours une logique quelconque, pourtant pour moi elle a pris la forme d'une observation en quelque sorte visuelle.»* (Hilgard, 1967, p. 531 *in* Obuchowski 1982, pp. 219-220)

sein de la famille, du groupe d'âge ou de l'activité professionnelle influencent la perception de la réalité par l'individu. Les représentations, images et modèles du monde qui
en sont issus peuvent aussi être désignés comme le système
de la représentation intellectuelle de son propre environnement, auquel les expériences réelles ou potentielles propres
à l'âge, à la situation et à l'activité sociale, ainsi que le
niveau de compétence communicative dans la langue maternelle ont donné sa forme.

La **compétence communicative** est ici définie au sens
large de capacité de perception, d'interprétation et de compréhension, comme la capacité à articuler sa pensée et à
argumenter, ainsi que la capacité à se mouvoir dans des
situations diverses, à agir et enfin, en un sens plus étroit, à
communiquer, c'est-à-dire à s'adresser à des partenaires de
discours, à mener un échange, une polémique, à expliquer
ses positions, négocier des conditions, résoudre des conflits,
se renseigner, etc.

Les connaissances au sens strict ne sont pas seules à former le système de la représentation intellectuelle : il faut y
ajouter aussi les représentations généralisantes liées à des
jugements de valeur sur les relations humaines et leurs

LA SOCIALISATION DANS L'ACQUISITION
ET L'EMPLOI DE LA LANGUE ÉTRANGÈRE

Développement de la conscience et des modèles de perception à l'aide
de la langue maternelle ou de la langue de l'environnement social

* Développement des concepts dans le contexte de la langue maternelle

Socialisation/communication dans la famille, le groupe d'âge, à l'école
et dans la formation, par les médias, dans le cadre professionnel, dans
les activités de loisirs

* Orientation déterminée par les conventions et les images collectives

* Développement moral

Niveau du développement moral – type du système de valeurs – tabous
sociaux

* Développement des intérêts, des motivations, des ambitions, des
besoins personnels, des désirs et des attitudes

* Développement d'une image de soi dans le contexte de la biographie
personnelle et de l'environnement familier d'une part, et plus largement
de la société et de son histoire

PROCESSUS DE LA PERCEPTION		
IDENTIFICATION	INTERPRÉTATION	ÉVALUATION
	des objets* au moyen de :	
Associations	Concepts	Émotions
Assimilation	Classifications	Normes sociales
	Subordinations	Valeurs
	Hiérarchisation	

*Objets = objets matériels, personnes, relations personnelles, rôles institutionnels et individuels, modes d'action et de comportement, image de soi.

PROCESSUS DE LA PERCEPTION DE L'ÉTRANGER fondée sur la socialisation en langue maternelle		
IDENTIFICATION	INTERPRÉTATION	ÉVALUATION
Interférence sémantique	Concepts inadéquats Préjugés	Prédominance des valeurs personnelles

Résultats de la perception médiatisée par l'expérience préalable :

– Compréhension apparente : la représentation intellectuelle de la réalité reste en fait dominée par les représentations culturelles propres

– Manque de capacité d'orientation dans un environnement étranger : incertitude, réticence à prendre des risques, réserve, blocage psychologique

tabous, sur les relations sociales, les formations sociales transmises par la tradition, la convention ou l'héritage culturel, qui indiquent à l'individu l'étendue de sa marge d'action dans une situation précise.

Ces conditions générales varient plus ou moins fortement d'une société à l'autre. Le dernier tableau présente les principaux mécanismes de la perception qui orientent, en l'absence de toute mise en condition préalable, la perception de l'étranger.

Ce tableau général des présupposés, des processus et des résultats de la perception laisse nécessairement de côté les nombreuses nuances et niveaux de connaissance, de familiarité, d'ouverture d'esprit et de formation morale qui, pour chaque individu, modifient et influencent aussi bien le processus même que les résultats de la perception.

En ce sens, la perception est toujours d'une certaine manière déficiente, même pour celui qui parle sa langue maternelle à l'intérieur de son propre contexte social. Elle repose toujours sur son niveau actuel de développement et de connaissance, ses intérêts intellectuels et sociaux et ses objectifs personnels. Elle est ainsi un processus ouvert. Mais les résultats de perception acquis à un certain stade de l'évolution peuvent cependant entrer dans la mémoire et devenir à leur tour le présupposé des processus de perception à venir.

Le dernier tableau récapitule ainsi les différents éléments du processus psychique de la perception dont nous avons élucidé la base théorique. Elle les sépare pour des besoins heuristiques et tente de montrer sur quels points les présupposés de la perception acquis dans la culture de départ peuvent se révéler déficients une fois appliqués à une autre réalité, rendant nécessaires des activités d'apprentissage.

1.5. Un obstacle à l'acquisition : la routine quotidienne

Une étude approfondie révèle, selon Obuchowski, la nécessité de distinguer deux systèmes à l'intérieur du système concret, le système «polyconcret» et le système «monoconcret» :

> Le système monoconcret organise les informations en se fiant seulement à ce qu'on appelle la «statistique empirique». À la différence du système hiérarchique et polyconcret, son activité ne dépend pas d'une «mission» ou d'un «effort» de l'individu, et son rôle consiste à préorganiser l'information d'après l'expérience, d'où une grande différence entre l'exécution d'actions habituelles qui ne réclament que la réalisation de certains standards acquis, et l'exécution d'une action dans le déroulement de laquelle vient à manquer une «tâche» stable d'où pourrait résulter un certain programme. (Obuchowski 1970, p. 329)

C'est pourquoi dans le contexte de la communication transnationale il importe de savoir si «l'automatisme» de l'action est transposé de la routine quotidienne à la situation étrangère, c'est-à-dire si cet automatisme n'est pas perçu comme un exercice dont la solution réclame des efforts particuliers. À la suite de ses recherches sur la théorie de l'information, Obuchowski est amené à formuler l'hypothèse d'un quatrième système plus élevé d'organisation de l'information, le système métalinguistique.

> *L'existence de ce système est attestée en premier lieu par les études dans le domaine de la neurophysiologie et de la créativité. Dans ce système, les opérations ne suivent pas un déroulement «linéaire» (comme celles qui passent par le langage dans le système hiérarchique) ni «de surface» (comme dans le système polyconcret), mais spatial, ce qui les amène à appréhender des problèmes très complexes ; le mécanisme de transposition des informations depuis ce système vers un système dans lequel elles peuvent être traduites en d'autres énoncés linguistiques linéaires comporte deux niveaux. L'énoncé est d'abord transmis au système polyconcret sous la forme d'un symbole, et de là il transite vers le système hiérarchique, où ce symbole est décodé en fonction du savoir et de la manière de voir de l'individu. Ainsi s'expliquent, entre autres, les phénomènes du «discernement», de «l'incubation» et de «l'intuition créatrice».* (Obuchowski 1970, p. 329)

Ainsi que le montre Hans Bayer[10], il y a, suivant le stade d'évolution de la société, différents degrés d'abstraction de la langue : en allemand, par exemple, les préfixes et les suffixes ont perdu de leur signification concrète originelle, accompagnant en cela les progrès de l'industrialisation. La morphologie et la syntaxe n'échappent pas à ce phénomène de généralisation croissante. L'accroissement de la communicabilité, qui permet de transmettre les contenus les plus divers, se gagne au détriment du concret. Le risque que la réception soit troublée par d'autres contenus que ceux visés par le locuteur est d'autant plus grand. À l'inverse, cela implique que la perception transnationale doit être définie comme un processus de concrétisation comparative. La pédagogie et la didactique de l'enseignement des langues étrangères doivent donc transmettre les bases d'une perception transnationale.

La constitution des différents degrés d'activité de la conscience chez l'enfant dépend essentiellement du type et de l'intensité des processus de communication au sein de la

---

(10) Hans Bayer : *Sprache als praktisches Bewußtsein* 1975, pp. 90 *sq.*

famille[11] et de l'acquisition de la lecture, de l'écriture en langue maternelle dans le cadre des processus d'éducation assistée.

La langue intervient à tous les niveaux et peut être mise à profit. Cependant, on ne disposera de l'ensemble des possibilités qu'elle recèle qu'une fois que le système hiérarchique, qui est une généralisation du monde objectif et du monde des relations humaines à l'aide de concepts, se trouvera pleinement déployé dans l'usage des mots et des relations syntaxiques.

Dans notre contexte, il est important de relever, grâce à Obuchowski, que des adultes peuvent aussi, sous l'effet d'émotions négatives, « débrancher » les fonctions hiérarchiques, c'est-à-dire la pensée, afin de conserver l'équilibre intérieur (homéostase), et se retrancher sur des « formes plus primitives » (dans le système concret qui réagit exclusivement à la situation) leur permettant de maîtriser leur situation actuelle[12]. C'est pourquoi l'un des objectifs essentiels d'une intervention pédagogique est d'amener la confrontation avec l'étranger au niveau hiérarchique et de la traiter en tant que dissonance cognitive.

On ne saurait donc être assuré une fois pour toutes que le fait d'avoir atteint un certain niveau dans le développement de la conscience, de la faculté de penser ou, selon la terminologie de Galpérine, de l'exécution des « opérations intellectuelles », garantisse que les situations seront toujours maîtrisées de manière « rationnelle », c'est-à-dire avec tous les moyens disponibles, y compris les expériences antérieures généralisées et intégrées à la mémoire :

---

(11) *Mais les hommes, et même ceux qui en raison de différentes malformations du cerveau n'agissent qu'au niveau concret, disposent pourtant aussi du langage appris dans un environnement social. Cela influence considérablement le déroulement de leurs processus cognitifs, même dans les cas où ils utilisent le langage dans le cadre des règles « non hiérarchiques » du système concret.* (Obuchowski 1970, p. 327) Cf. également Luria/Judovich 1978, 110 p.

(12) *C'est l'apparition d'une émotion négative ou positive qui détermine si le processus cognitif se déroulera à un niveau concret ou hiérarchique. Les émotions négatives détournent le processus d'orientation vers « le bas » et le niveau concret, et les émotions positives l'élèvent au niveau hiérarchique. La puissance des émotions détermine la stabilisation du processus cognitif à un niveau donné.* (Obuchowski 1970, p. 327)

*De même que la pensée logique est une condition nécessaire
mais non suffisante d'un jugement moral mûr, ce dernier est
une condition nécessaire mais non suffisante d'un agir
moral mûr. On ne peut suivre des principes moraux si on ne
les comprend pas (ou si l'on n'y croit pas). [...] Au-delà du
jugement moral, il faut d'autres facteurs personnels ou de
situation pour que la pensée morale orientée par des principes se traduise en « action morale ». La force de caractère
ou « force du moi » s'est révélée être un facteur important*[13].

L'objectif premier de l'individu étant de se sortir aussi vite
que possible d'une situation désagréable ou au moins de se
débarrasser de la sensation désagréable, sa motivation ne se
dirige pas automatiquement sur la manière optimale de surmonter la situation, mais sur celle qui correspond au rétablissement le plus rapide de son bien-être. L'objectif des processus
d'apprentissage qui doivent être testés dans des «situations
réelles» vise à développer une motivation qui dépasse la situation, qui permette de traiter les réactions négatives à la situation en les transformant en «dissonances cognitives», une
motivation qui s'oriente en fonction d'objectifs et de valeurs à
plus long terme et qu'on peut, sur le plan psychologique,
considérer comme une évolution morale. Certes, il est indispensable de cultiver un savoir sur les constellations de situations possibles, mais celui-ci est insuffisant, car on ne peut produire de manière anticipée la puissance des émotions dans la
situation. Selon l'avis des psychologues cités, des progrès ne
peuvent être obtenus que par une aide en situation et en favori-
sant l'élaboration cognitive après l'événement vécu.

Il en va de même du phénomène de «surgénéralisation»
par lequel Obuchowski explique l'exemple de ces mission-
naires qui peuvent par suite d'une fixation sur le dogme
«tous les hommes sont bons» ignorer dans la réalité les
atrocités commises par des hommes sur d'autres hommes.
Au cours d'un apprentissage transnational et transculturel,
on se heurtera éventuellement à ce type de perte de réalité.

Ces réflexions forment ainsi le point de départ de procédés didactiques et pédagogiques pour l'acquisition d'une
capacité à affronter des situations extérieures.

---

(13) Kohlberg *in* Lind/Raschert, 1987, pp. 30-31.

1.6. Perception et développement conceptuel

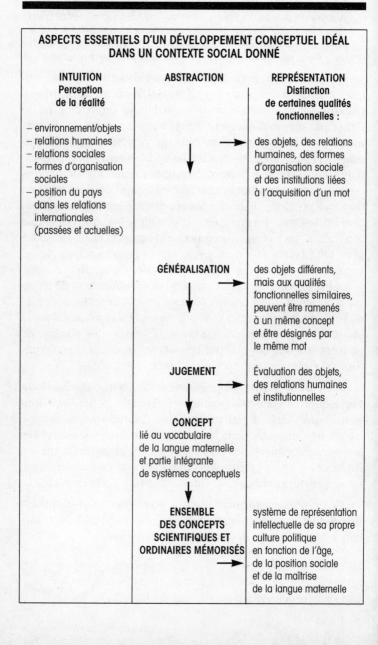

ASPECTS ESSENTIELS D'UN DÉVELOPPEMENT CONCEPTUEL IDÉAL
DANS UN CONTEXTE SOCIAL DONNÉ

INTUITION Perception de la réalité	ABSTRACTION	REPRÉSENTATION Distinction de certaines qualités fonctionnelles :
– environnement/objets – relations humaines – relations sociales – formes d'organisation sociales – position du pays dans les relations internationales (passées et actuelles)	↓ →	des objets, des relations humaines, des formes d'organisation sociale et des institutions liées à l'acquisition d'un mot
	GÉNÉRALISATION ↓ →	des objets différents, mais aux qualités fonctionnelles similaires, peuvent être ramenés à un même concept et être désignés par le même mot
	JUGEMENT ↓ →	Évaluation des objets, des relations humaines et institutionnelles
	CONCEPT lié au vocabulaire de la langue maternelle et partie intégrante de systèmes conceptuels ↓	
	ENSEMBLE DES CONCEPTS SCIENTIFIQUES ET ORDINAIRES MÉMORISÉS →	système de représentation intellectuelle de sa propre culture politique en fonction de l'âge, de la position sociale et de la maîtrise de la langue maternelle

Dans le système qui organise l'information dans le cerveau, tel qu'il est décrit par Obuchowski et par d'autres, les représentations et les concepts naissent d'abord dans la conscience en tant qu'abstractions de la forme spécifique sous laquelle apparaît un objet : lors de l'acquisition d'un mot dans la situation concrète de son emploi, certaines propriétés fonctionnelles des objets perçus, des relations humaines, des rôles, des institutions sociales, etc. peuvent être soulignées. Le mot synthétise donc un certain profil des objets.

La généralisation signifie que différents objets aux propriétés fonctionnelles identiques, mais avec des formes concrètes distinctes, peuvent être désignés par un même mot. On obtient un concept dès que les objets ou les représentations désignées par un mot sont généralisables au point de se définir comme les différenciations d'un concept plus général. Elles représentent donc dans leur particularité des traits du concept général et prennent leur place dans une hiérarchie conceptuelle.

Dans chaque concept particulier d'un objet isolé doivent être contenus les traits du concept le plus général : «caverne, château, immeuble», en tant que lieux d'habitation ; «rite, précepteur, école, médias», en tant qu'institutions d'initiation sociale ; «ferme, atelier, fabrique», en tant que formes d'organisation de la production sociale ; «commune, coopérative, entreprise familiale, société par actions», en tant que formes réglant les rapports de propriété, etc.

L'ambivalence des concepts résulte de leur conversion en différentes formations sociales, points de vues de groupes, ou domaines d'emplois spécifiques. L'interprétation dépend donc d'une part des relations envers les autres concepts et systèmes conceptuels, et d'autre part des normes culturelles et des représentations de valeurs.

Ainsi, les concepts contiennent toujours des jugements. On peut définir les jugements comme une façon de considérer les objets, les relations humaines, les concepts de rôles, les formes d'organisation sociale et les institutions en évaluant leur conformité à une norme, orientée par un système de valeurs, ou en fonction de la charge émotionnelle, de la préférence subjective, etc. Ces traits pertinents décomposés à des fins d'exposition existent dans la conscience sous forme synthétique.

Les élèves, tout comme la plupart des adultes, ne disposent de concepts développés à ce point que dans certains
domaines uniquement. Seuls des processus finalisés soumis
à la solution d'un problème scientifique particulier permettent de les produire (cf. infra). Les concepts pratiques ou
quotidiens sont souvent de nature fragmentaire et contiennent des traits pertinents abusivement universalisés. Mais en
tant que présupposés de la perception, tous les concepts,
quels que soient leur qualité et leur degré de différenciation,
sont également à la disposition de la conscience[14].

C'est d'abord la situation, voire la sensation subjective de
l'individu, qui décide de la qualité de la perception. Au
mieux, l'adéquation des concepts n'est précisée que dans les
discours spécialisés ou dans les métadiscours institutionnalisés (école, université, séminaire de recherche, colloque,
etc.) en particulier lorsqu'il s'agit, comme dans les sciences
sociales et philosophiques, de catégories difficiles à vérifier
empiriquement. Dans les sciences de la nature et dans la
technique, le contrôle se fait par l'expérience ou par le succès du produit. Dans les situations de communication quotidienne, l'adéquation de la perception ne devient un objet
d'examen que lorsqu'un énoncé choque, blesse, fait entorse
aux conventions ou reçoit une sanction venant de la société,
ou lorsqu'il heurte le consensus de la société ou du groupe.
C'est la raison pour laquelle de nombreux concepts fragmentaires et inadéquats servent durablement aux individus
d'orientation de leurs actions, tout simplement parce qu'ils
ne sont pas mis en question par l'environnement.

La compétence communicative dans la langue maternelle
est donc elle-même fragmentaire. Mais c'est sur elle que
s'édifie toute compétence communicative dans la langue
étrangère. Or, si la conscience est modifiée dans son
ensemble par les processus d'enseignement, la compétence
communicative globale ne peut qu'être améliorée par un
enseignement en langue étrangère, en supposant qu'une formation conceptuelle accompagne systématiquement l'acqui-

---

(14) Cf. Vigotsky 1979, chap. 6 : *Untersuchung der Entwicklung
wissenschaftlicher Begriffe im Kindesalter* (Étude du développement de
concepts scientifiques chez l'enfant), pp. 167-290.

sition de la langue étrangère et que sa relation spécifique au contexte socioculturel dans lequel elle est employée soit aussi établie au niveau sémantique et explicitement mise en relation avec les significations des mots de la langue maternelle, conditionnés par la socialisation.

Avant d'élaborer les méthodes qui permettront d'atteindre cet objectif, il nous faut observer les systèmes d'organisation de l'information dans la perception visuelle, auditive et tactile d'une part, et dans la perception de différents objets et de leur représentation sous forme imagée, graphique ou linguistique d'autre part. Des processus rapides, la plupart du temps inconscients, ont été décomposés en leurs éléments essentiels par les psychologues et les neurophysiologistes russes[15] en observant des malades ou des groupes devant résoudre différents exercices[16].

Il en ressort que le niveau de développement de la conscience influence la qualité de la perception visuelle, et aussi tactile, aussi bien du point de vue de la différenciation (attention aiguisée) que de la quantité de ce qui est perçu simultanément, ainsi que le classement de ce qui est perçu (conceptuel-évaluatif). La perception sensible est ainsi le résultat d'un aiguisement et d'une culture de tous les sens passant par le traitement des excitations extérieures par la conscience, laquelle, pour sa part, affine les instruments de la perception sensible : une autre manière d'aborder le concept complexe de la sensibilité. Les cinq sens ne sont-ils pas le produit de l'histoire universelle ?

L'orientation est pour Galpérine l'intériorisation des actions extérieures[17]. Une stratégie d'apprentissage édifiée sur ces hypothèses doit en premier lieu développer des exercices et des scénarios, voire des mises en scènes fidèles, de situations qui portent généralement à la conscience des processus inconscients ou automatisés, ou qui forcent l'individu à penser et à agir consciemment.

---

(15) Par exemple A. N. Léontiev dans son livre célèbre : *Probleme der Entwicklung des Psychischen.* – Kronberg/ts. : Athenäum 1977, 484 p. et A. R. Luria dans son ouvrage clé : *The Working Brain*-Harmondsworth, Middlesex, England : Penguin Books 1973, 398 p.

(16) Cf. Luria 1973, 398 p. et Léontiev 1977, 484 p.

(17) Galpérine 1980, p.77 *sq.*

1.7. Le processus de la perception quotidienne et de l'orientation

Le résultat de la perception dépend de la conformation de la mémoire, c'est-à-dire de la capacité de l'individu à mobiliser des concepts et des représentations, de la qualité et de la masse de l'expérience consciemment travaillée, de sa disposition émotionnelle et morale ainsi que des conditions de la situation elle-même, qui peuvent favoriser ou entraver le processus de compréhension – au même titre du reste qu'une association ou qu'un concept fragmentaires.

Abstraction faite de sa qualité, la perception fonctionne principalement sur la base de la comparaison ou de la recherche de relations d'identité. L'irritation naît du non-identifiable, le comique du travestissement du conventionnel, l'agression de la menace des intérêts, des conventions ou des tabous. Moins les concepts et les conditions de perception sont développés, et plus grand est le danger de déception subjective, de mauvaise interprétation, d'une mise à profit insuffisante des opportunités, etc. Dès que ces résultats de perception insuffisants deviennent des orientations de l'action, nous voyons surgir des problèmes de communication, ou bien la communication n'est qu'apparente ; l'accord ou le consensus se fondent sur de fausses interprétations qui peuvent du reste être de nature totalement différentes pour chacun des participants, sans même qu'ils en prennent nécessairement conscience. La publicité et les stratégies de vente misent sur la possibilité de ces ratés en établissant de manière suggestive des relations inhabituelles entre des objets et leurs propriétés.

Les déceptions inconscientes, les erreurs d'évaluation ou les résultats de manœuvres de déception délibérées qui subsistent dans la conscience des individus sont des faits sociaux communs à chaque société. Mais lorsqu'on passe à une autre société, en utilisant une autre langue, les sources d'erreurs sont quantitativement et qualitativement bien plus importantes.

Cependant, et à condition d'adopter un point de vue dialectique, la disposition consciente envers l'étranger renferme aussi la chance de donner à l'individu une meilleure qualité de la perception dans son ensemble.

Ce processus doit être assisté dans l'enseignement des langues étrangères et dans les situations extra-scolaires de confrontation avec une réalité étrangère, afin que la perception et la capacité d'action de l'individu s'en trouvent améliorées en même temps que sa compétence communicative en langue étrangère comme en général.

2

L'acquisition de l'agir communicatif en langue étrangère

En déplorant que *les psycholinguistes en Europe occidentale, mais surtout en République fédérale, laissent à d'autres le domaine de l'acquisition d'une seconde langue*, Gudula List souligne que *dans l'enseignement, la compétence active dans une seconde langue peut aussi être améliorée par la prise de conscience des problèmes d'acquisition psychiques généraux [...] et que le problème de la transposition de la démarche cognitive en communication spontanée doit être repéré et exercé.* Mais elle rejette en même temps un pluralisme méthodique non réfléchi qui consisterait à *additionner, dans un but didactique, ou à combiner de n'importe quelle manière les différents domaines de conscience et de pratique intuitive, de savoir et d'action linguistiques.* L'auteur préconise au contraire de *donner une cohérence théorique aux différents procédés d'enseignement en reliant de manière pertinente les différents aspects du processus d'acquisition du langage.*

Comme elle, nous pensons que *les modèles dans lesquels ce projet à été jusqu'à présent le plus clairement exposé [...] se déduisent du concept de «l'activité», de la psychologie historique et culturelle*[18]. Certes, ce concept ne tient pas suffisamment compte du problème de la sémantisation dans la perception de l'étranger, parce que le contexte socioculturel de l'emploi de la langue étrangère n'est pas suffisamment mis en évidence. Or, les catégories élaborées par la psychologie soviétique de la perception et

---

(18) G. List, 1981, pp. 163-164.

du langage permettent justement de traiter ces problèmes et
de les transposer à une théorie de l'acquisition et de l'emploi
des langues étrangères.

2.1. Le rôle de la comparaison dans la perception de l'étranger

Selon les psychologues russes, la comparaison de ce
qu'on aperçoit avec ce qu'on connaît déjà fait partie de la
perception et de la compréhension, de l'interprétation et de
l'évaluation des objets ou des relations entre objets ou personnes perçus. La comparaison est donc considérée comme
un élément de base du processus cognitif et affectif qui
génère la connaissance. Dans la vie quotidienne, cette
démarche comparative s'applique automatiquement. Les
résultats plus ou moins inconscients des comparaisons se
présentent donc essentiellement comme des jugements de
valeur : l'objet comparé est évalué à l'aide d'objets connus
appréciés ou rejetés. Si l'objet ne fait pas spontanément partie des objets considérés comme appréciables, il peut être
éliminé de toute considération future. Cet automatisme de la
comparaison évaluative est un obstacle pour la perception
de l'étranger dans la mesure où cette dernière nécessite une
analyse cognitive approfondie.

L'objectif de la perception étant la compréhension, il
nous semble donc important de nous demander en quoi la
perception basée sur des processus de comparaison/inter-
prétation devient problématique si l'objet de la perception
relève d'une culture étrangère, se réfère à l'étranger et/ou
est présenté dans une langue étrangère. Pour garantir que la
perception d'un objet étranger se fonde sur une comparaison éclairée, élucidée par une vraie connaissance de l'objet,
il faut affiner la méthode comparative et faire en sorte d'une
part qu'on ne compare que ce qui est comparable et d'autre
part que l'évaluation de l'objet perçu se fasse seulement au

moment où l'on dispose d'une connaissance solide de l'objet étranger.

La première étape, c'est-à-dire comparer uniquement ce qui est comparable, consiste donc à analyser si l'objet perçu se trouve au même niveau que le concept lié avec le terme utilisé en langue maternelle. En d'autres termes, il faut vérifier si l'équivalence lexicale qu'on peut trouver entre le nom d'un objet en langue maternelle et en langue étrangère est basée sur une équivalence de fait.

La théorie psychologique n'est pas suffisante pour expliquer la relation entre le monde des objets et leur perception gérée par les langues maternelle ou étrangère. Pour arriver à comparer ce qui est comparable, la théorie des systèmes propose la recherche des «équivalences fonctionnelles».

Le concept d'**équivalence fonctionnelle** privilégie l'analyse de la fonction d'un objet, d'une personne, d'une institution sur une description de sa phénoménologie. Le sociologue allemand Claus Offe voit la réalité sociale dans son devenir, prise dans un processus permanent de restructuration, de redéploiement ou de reconstitution. Cela est vrai non seulement pour les différents niveaux institutionnels de la société mais également pour l'action de l'individu. Cette tâche de réajustement permanent concerne la résolution des problèmes qui touchent au fonctionnement global de la société ou au moins de différents secteurs mais aussi la maîtrise de la vie quotidienne par l'individu.

Au niveau macrosociologique, on peut donc considérer que les institutions, comme par exemple l'école, représentent des réponses aux problèmes de l'intégration sociale et professionnelle des membres d'une société donnée. La création d'une institution à un moment donné de l'histoire d'une société ne résout d'ailleurs pas ce problème de manière définitive. La théorie des systèmes se marie donc dans l'approche de Claus Offe à une théorie de crises : au moment même où le dysfonctionnement d'une institution se traduit par une crise, on assiste à une redéfinition du problème (celui de l'intégration sociale et professionnelle de la population, dans notre exemple) afin d'assurer éventuellement une réadaptation de l'institution à des conditions sociales nouvelles. Ce processus de réajustement peut prendre l'allure d'une réforme ou d'un redéploiement, mais aussi, dans des cas extrêmes, celle d'une révolution, c'est-à-dire d'une mise en cause radicale des institutions d'une société donnée. À l'heure actuelle, nous sommes témoins d'un tel processus dans les pays de l'Europe centrale et de l'Europe de l'Est.

Pour qu'un problème soit traité par le système politique, il faut mesurer l'importance, en dehors des aspects déstabilisateurs de l'évolution structurelle, des schémas de conflits sociaux ou d'articulation de ces conflits, des rapports de forces empiriques, des solidarités de groupes, etc. Le système de formation contribue aussi à les produire en partie, voire à les reproduire. Pour pouvoir comparer deux situations données, les facteurs subjectifs, qui sont les éléments générateurs du processus politique, doivent aussi, au même titre que les facteurs objectifs, être intégrés à l'analyse, en particulier pour ce qui concerne la définition du problème, comme nous allons le montrer brièvement en prenant l'exemple de la politique de formation.

L'analyse développée par Offe[19] permet d'observer les caractéristiques du problème et les rapports de force sociaux qui amènent le système politico-administratif, ou un gouvernement concret, à une politique de gestion de la crise, à une stratégie d'évitement des crises à plus long terme, par exemple au moyen de la politique de formation. Il faut se demander aussi quels contenus d'expérience, de tradition, symboliques ou utopiques, enregistrés par l'évolution historique, comme par exemple les promesses de réformes non tenues, influencent la définition du problème. Cette relation entre la perception et la définition de problèmes décrite au niveau macrosociologique se reproduit au niveau microsociologique dans la mesure où l'individu, pour s'orienter dans une situation et pour pouvoir adapter son action aux exigences reconnues de cette situation, doit également pouvoir développer de nouvelles réponses aux problèmes d'orientation ou d'interaction sociale qu'il peut rencontrer.

Pour en venir aux problèmes de la communication transnationale et transculturelle, on peut considérer le processus

---

(19) Claus Offe : *Berufsbildungsreform. Eine Fallstudie über Reformpolitik*. Francfort. Suhrkamp 1975, 328 p.

de perception de l'étranger comme une situation de crise signalée par un dysfonctionnement de la perception elle-même. L'individu peut se retrouver dans une situation telle que ses connaissances acquises, ses stratégies de communication et d'interaction habituelles ne fonctionnent plus, ou ne l'amènent pas au but visé. Comme nous l'avons dit plus haut, la perception et l'orientation de l'individu reposent sur des processus de comparaison qui, dans la vie quotidienne, sont normalement plus ou moins inconscients dans la mesure ou les résultats correspondent aux besoins situationnels de l'individu. Selon le concept de Galpérine, qui considère les opérations mentales comme une intériorisation – c'est-à-dire une transposition et réduction d'actions matérielles –, l'individu a intérêt à agir vite et sans l'intermédiaire d'une analyse cognitive et d'une évaluation consciente de la situation.

Cet automatisme de l'orientation, acquis par l'individu dans son propre contexte social, doit donc être interrompu pour éviter une appréciation incorrecte de la situation étrangère et par la suite un échec de la communication et de l'interaction sociale. Dans un premier temps, l'individu doit donc adopter une attitude de vigilance vis-à-vis de l'interprétation et de l'évaluation de la situation étrangère. La crise de la perception peut donc être considérée comme le point de départ d'une réadaptation des moyens de perception aux exigences d'une perception adéquate de l'étranger. La dissonance cognitive peut donc être considérée comme analogue au dysfonctionnement d'une institution sociale. L'analogie se fonde sur le fait que l'institution ainsi que l'individu peuvent être considérés comme des «produits» d'un développement historique exposés à des environnements changeants. L'institution peut se révéler mal adaptée aux besoins nouveaux d'une société, au même titre qu'un individu «mobile» peut rencontrer des problèmes dans une situation inconnue qui met en échec ses moyens habituels d'orientation. Comme tous deux se caractérisent par une certaine inertie, il faudra, pour pouvoir maîtriser les situations sociales ou individuelles nouvelles, mettre en œuvre des processus de réforme, dans le cas de l'institution, ou des processus d'apprentissage pour l'individu. Au niveau psychologique, une telle dissonance cognitive serait le premier pas d'une analyse du bien-fondé de la perception de l'étranger. Pour parvenir à une solution, l'individu est amené à reconsidérer les paramètres de la définition de l'objet ou de la situation perçue. La théorie des équivalences fonctionnelles développée pour l'analyse comparative des systèmes politiques pourrait, à notre avis, être appliquée à l'analyse d'une situation dans laquelle se trouve un étranger avec son bagage culturel d'origine. Sa compréhension, basée sur ce bagage culturel, peut s'avérer faussée et donc inadéquate pour maîtriser une situation inconnue.

■ L'école est une institution destinée à assurer l'intégration sociale et professionnelle des adolescents. Elle fait partie de l'organisation politique et sociale générale d'une société et elle est imprégnée par son histoire, ses traditions et ses priorités politiques et sociales. L'initiation des membres d'une société est un problème universel, qui prend des formes différentes selon le type de société.

À l'heure actuelle, nous pouvons trouver en même temps chez des peuples différents des rites d'initiation élémentaires, des institutions d'instruction de type traditionnel caractéristiques des sociétés plutôt autoritaires et des systèmes scolaires qui répondent aux nécessités complexes d'une société industrielle démocratique. La France et l'Allemagne étant des sociétés d'un même type, on pourrait croire qu'elles disposent d'institutions très similaires, d'où le danger d'interférence aussi bien que le phénomène contraire de méconnaissance totale d'un objet ou d'une façon de faire. À l'occasion d'un échange scolaire, les élèves, s'ils ne sont pas spécialement préparés, peuvent considérer que l'école d'accueil fonctionne, au moins à première vue, de la même façon que leur école d'origine : horaires, règles intérieures, relations enseignants/élèves, méthodes de travail, etc. Il n'y a donc pas forcément tout de suite un problème spécifique d'orientation dans une situation étrangère mais plutôt la recherche des repères familiers. Par conséquent, la «crise» ne surgit pas le plus souvent au niveau de la perception mais plutôt au niveau de l'action : ayant interprété la situation scolaire comme étant semblable à celle vécue dans l'établissement d'origine, l'élève se comporte comme il a l'habitude de le faire. Les conflits typiques qui en résultent sont bien connus des enseignants responsables des échanges scolaires entre la France et l'Allemagne : problèmes de discipline et de relations entre professeurs, administration et élèves invités. Il y a surtout une différence entre la notion de rôle du professeur dans les deux pays et le concept de l'apprentissage. Cela se traduit également par des différences d'évaluation des résultats de l'apprentissage ou du contenu des qualifications à obtenir. D'une façon générale, on peut conclure que la proximité même des sociétés allemande et française appelle à une certaine vigilance en ce qui concerne l'identification trop rapide de similarités.

2.2. La dimension culturelle du transfert de modèles institutionnels

Si, par exemple, l'élève aborde dans un document le problème des écoles publiques professionnelles au niveau secondaire en France, il ne trouvera pas d'équivalent direct en Allemagne, où la formation professionnelle est assurée par un système duel. Ainsi, la situation du problème n'est pas identique dans les deux pays, et pour saisir correctement la situation du problème dans l'autre pays, il faut se référer à l'arrière-plan de sa propre situation sociale.

Naturellement, cela n'est pas sans conséquences sur la définition du problème. Les acteurs français, de l'individu à l'État, en passant par les groupes sociaux, se situent, lorsqu'ils définissent le problème, et quel que soit le jugement personnel porté sur la situation, dans le cadre de l'organisation spécifiquement française de la formation professionnelle au sein du système scolaire public. Les marges de manœuvre et la définition «intéressée» du problème évoluent ainsi dans un cadre historique donné.

Lorsque par exemple un syndicat français constate un déficit de la formation professionnelle dans le système

d'éducation, il se réfère en général à un système fonctionnant sous l'égide de l'État – à moins qu'il ne se réfère à un
autre type de formation professionnelle, comme le système
duel en Allemagne par exemple, réglementé par les pouvoirs
publics, mais dont l'organisation ne relève que partiellement
de ces derniers : dans le système duel, la majeure partie de la
formation professionnelle est accomplie sous la responsabilité des entreprises. Qu'un manque de capacités vienne à
être constaté, seul l'État sera concerné en France, alors
qu'en Allemagne le problème implique à la fois l'État et
l'économie. Dans une perspective française, on se limitera
par conséquent à décider que l'État doit mobiliser, voire, le
cas échéant, répartir différemment de nouvelles ressources
au profit de la formation professionnelle – en supposant
qu'on reste attaché au système traditionnel de l'organisation
publique de la formation professionnelle. Il en va autrement
dès qu'on est disposé à modifier le système pour apporter
des solutions (en s'inspirant par exemple du modèle allemand de formation professionnelle). Mais cette perspective
nouvelle provoque des effets en retour sur la définition du
problème : elle dépasse intentionnellement les ressources
d'action actuelles et tente d'en mobiliser de nouvelles (éventuellement auprès des entreprises). Et la situation du problème se trouve aussi modifiée, car la question se pose de
savoir sous quelles conditions une réforme du système serait
possible et souhaitable : la comparaison avec le modèle
extrait de l'autre société amène à la question de sa transpo-
sabilité à la culture de formation du pays d'origine. Une
étude attentive aboutit en général à la conclusion qu'il est
impossible de plaquer directement un autre système sans
l'adapter aux conditions structurelles dominantes et à la
mentalité des acteurs : on aboutit à une nouvelle définition
du problème, qui libère de nouvelles marges de manœuvre.

Du fait que dans nos sociétés, ni l'État, ni d'autres acteurs sociaux ne disposent de toutes les ressources nécessaires pour résoudre de manière totalement satisfaisante un
problème ponctuel, Offe constate que toute tentative de
solution, si elle n'est pas un simple jeu de planification ou un
débat purement intellectuel mais qu'elle se traduit effective-
ment dans la réalité, entraîne un cortège de problèmes
connexes.

2.3. L'écart entre les équivalences fonctionnelles et les équivalences lexicales

Mais si nous restons sur l'exemple d'une situation dans laquelle l'individu est d'abord confronté à des représentations authentiques de la réalité étrangère, il nous faudra d'abord organiser le processus cognitif qui permettra d'estimer à sa juste valeur l'écart entre situation, définition(s) du problème et propositions de solutions dans les deux pays. Il s'agit en particulier de s'assurer que des équivalences fonctionnelles peuvent permettre de modifier le spectre et le degré d'universalité de ses propres concepts et de voir à quel niveau se situent les correspondances qui peuvent se traduire en équivalences lexicales, et à quel niveau enfin l'absence d'un état de fait entraîne l'absence d'un mot correspondant. Mais la comparaison nous oblige en même temps à décrire à l'aide de la langue maternelle des réalités du pays cible, qui n'existent pas en tant que telles dans le pays d'origine. C'est pourquoi le fait de transposer, au moyen de la langue, le système duel allemand en «système duel de la formation professionnelle» ne pose aucun problème, alors qu'aucune réalité française ne lui correspond. C'est ici la grande utilité de la communication et de la négociation : elles peuvent d'abord être organisées comme des confrontations intellectuelles ou des jeux de planification qui n'ont pas de conséquences immédiates sur la réalité. Dans des situations de communication transnationale, même s'il ne s'agit que de se confronter à des textes, l'horizon de perception des problèmes sociaux peut donc être considérablement élargi, et avec lui le spectre des possibilités de réaction et d'intervention. Certes, la confrontation purement intellectuelle avec des documents exige une haute discipline intellectuelle, si l'on veut éviter de plaquer purement et simplement ses idées préconçues sur un document étranger. Cela vaut tout particulièrement pour les textes dont le rapport à la réalité est très général.

Une plus grande distance envers la réalité étrangère et l'éloignement vis-à-vis des problèmes exposés dans les documents ne sauraient empêcher de privilégier peu ou prou les présentations habituelles. L'avantage d'une situation de communication transnationale, dans laquelle on se trouve confronté à des locuteurs d'une autre société, est que les interprétations de la réalité étrangère sont soumises à un examen et à une correction éventuelle par le partenaire de la conversation ou de la négociation. Mais pour cela, il est indispensable que l'argumentation soit la plus explicite et la plus claire possible afin de marquer les différences. Les scientifiques, habitués à formuler au plan théorique, oublient souvent que leurs théories se réfèrent à des situations propres à leur pays d'origine, qui ne sont pas forcément identiques dans celui du partenaire étranger.

Ce danger d'interférence est accru dès que des équivalences lexicales représentent des réalités différentes. Les discussions transnationales sur le sujet des syndicats en sont l'exemple éclatant. Au niveau lexical, le terme de «syndicat» correspond à l'allemand *Gewerkschaft*. Si l'on tient compte, en revanche, de la réalité sociale dans laquelle agissent ces deux institutions de représentation des travailleurs, on constatera des différences conceptuelles considérables, surtout en ce qui concerne les relations des syndicats avec les employeurs ou le rôle et l'importance stratégique de la menace de grève, pour ne retenir que les contrastes les plus frappants. Toute discussion sur ce sujet fait immédiatement apparaître les inégalités et les retards de développement d'une culture à l'autre, aussi bien que les différentes manières d'identifier les problèmes, de poursuivre des objectifs et de répondre aux besoins individuels.

2.4. La perception de l'étranger et son évaluation

L'intégration d'une culture étrangère dans la conscience multiplie donc les possibilités d'interpréter des problèmes, des rôles, des relations, des besoins et devient ainsi la condition d'une compétence à agir, par la parole, dans une langue étrangère. La neutralisation des émotions négatives par la reconnaissance d'une dissonance cognitive permet la suppression de l'agressivité dans le domaine des relations humaines en acceptant la légitimité d'autres modèles de solution des problèmes ou d'autres formes de comportements échappant à l'habitude et relativisant consciemment la valeur des représentations individuelles. Ainsi seulement, les valeurs deviennent aussi l'objet d'un processus de négociation, qui permet d'établir un consensus équitable.

Le résultat du consensus reste cependant ouvert : la tolérance n'implique pas d'accepter sans critique l'état des choses – même s'il s'agit d'une autre société ou d'une autre culture. Dans notre concept de négociation des significations et des échelles de valeurs, la tolérance signifie au contraire :

– s'assurer qu'on poursuit un objectif commun ;
– vérifier ses méthodes habituelles en intégrant les procédés proposés par le partenaire ;
– négocier les significations en tenant compte du contexte d'où vient le partenaire ;
– se battre pour un objectif commun et pour les méthodes de réalisation les plus appropriées à sa réalisation, qu'on les ait ou non soi-même mises en jeu.

Ainsi comprise, la tolérance est donc une attitude ouverte accompagnant les processus de comparaison et de négociation, qui atteint ses limites dans la réalité dès qu'entrent en jeu des représentations de valeurs individuelles et/ou sociales.

Nous pensons que le modèle développé par Claus Offe sur le mode d'intervention de l'État est applicable aussi bien à la comparaison de deux sociétés qu'à la négociation transnationale ou transculturelle de définitions, de solutions des problèmes et enfin de représentations de valeurs. Son étude de cas sur la réforme de la formation professionnelle[20] montre concrètement comment l'action de l'État s'appuie sur des représentations morales dominantes et s'incarne dans des conceptions juridiques et des conceptions de l'autorité différentes. Il s'agit par exemple de l'opposition entre la forme autoritaire qui impose des directives surveillées par des sanctions et la proposition de procédures réglementaires qui inci-

---

(20) Claus Offe, 1974a.

tent les acteurs à prendre des responsabilités dans le cadre de certaines règles du jeu démocratiques, quitte à assumer aussi leur transgression. D'une manière générale, les phénomènes de société les plus divers permettent de constater comment une société/culture impose son image dominante de l'homme – cela est vrai aussi et en particulier des représentations de la religion. Nos sociétés d'Europe occidentale sont caractérisées par la coexistence et la concurrence de concepts moraux nés en des époques historiques totalement différentes. Il faut donc constamment lutter pour obtenir et imposer des attitudes de comportement autonomes et guidées par des principes, compatibles avec une évolution démocratique – le citoyen majeur deviendrait l'utopie concrète... et la mission d'une intégration politique de l'Europe. Les récents événements en Europe centrale et de l'Est ont donné à ces processus une actualité brûlante : l'absence d'une tradition de négociation et de gestion démocratique des conflits constitue l'un des obstacles majeurs à la transformation pacifique de ces anciens régimes autoritaires en sociétés démocratiques.

La psychologie de l'activité part du principe que la conscience se construit sur l'intériorisation d'actions. Or, les élèves ne sont pas, par définition, considérés comme des acteurs sociaux, mais comme des apprenants qui s'approprient un savoir. Les méthodes d'enseignement appliquées dans les différentes disciplines scolaires ne correspondent pas au concept formulé par Galpérine d'une *intériorisation successive d'actions extérieures* qui permet leur *automatisation* (Galpérine 1980). Par ailleurs, dans les méthodes courantes d'apprentissage, dans l'enseignement des langues étrangères en particulier, les expériences des élèves ne sont pas toujours suffisamment activées. Toutes les langues étrangères ne sont pas enseignées selon les mêmes méthodes, ce qui contribue à la confusion : si l'on tenait compte, au moment d'amorcer de nouveaux processus d'apprentissage de la structuration méthodique résultant des précédents, on pourrait abréger certains processus de manière significative. Les élèves auraient aussi le sentiment de pouvoir se référer à des acquis.

Les objets et les méthodes destinés à l'acquisition de la langue étrangère devront donc mobiliser, rendre conscientes et utiliser le plus grand nombre possible d'expériences

actives réalisées par les élèves, y compris à l'extérieur de
l'école.

En même temps, il faut tenir compte du fait que l'élève
ne peut pas acquérir à l'intérieur de l'école une compétence
communicative de portée sociale. Il peut se doter d'un savoir
sur la langue étrangère et sur son emploi dans des situations
anticipées, mais il doit être épaulé au moment de traduire ce
savoir en situations de communication réelles en dehors de
la classe, s'il veut réussir le saut du savoir à l'agir sans accu-
muler trop d'expériences négatives et avec un enrichissement aussi élevé que possible. Il est indispensable de fixer et
de généraliser ce qui a été vécu par une exploitation ultérieure guidée en classe, afin que les élèves apprennent à se
sortir tout seuls et convenablement de situations de communication nouvelles. Cela implique que l'analyse de la situation et l'action obéissent à des principes très précis, tenant
compte de la constellation particulière de la communication
transnationale et transculturelle.

Même après avoir atteint une maîtrise assez poussée de la
langue, l'élève ne peut échapper à une certaine forme de gêne,
voire de maladresse. Les nuances sémantiques, les niveaux
stylistiques, les procédés rhétoriques font partie de l'expérience sociale qu'il n'est pas réellement possible d'acquérir en
dehors du contexte dans lequel la langue cible est employée.
*Les difficultés particulières (liées à l'acquisition des
langues étrangères) sont aisément compréhensibles pour
peu qu'on garde présent à l'esprit que c'est toute l'organisation psychique avec sa structure cognitive et communicative, et ainsi la personne dans son ensemble avec sa
biographie sociale complexe qui sont impliquées dans ces
processus d'apprentissage. [...] La transformation d'une
langue d'enseignement en énoncés de communication en
langue étrangère concerne par conséquent des domaines
bien plus vastes de la personnalité que la simple compétence d'une maîtrise formelle de la langue. [...] C'est ici
en effet que semblent se situer les difficultés majeures de
l'apprentissage des langues étrangères par des adultes.
Lorsque l'apprenant se propose d'employer à des fins de
communication en contexte étranger les connaissances
acquises en cours ou dans un contexte de langue maternelle, les véritables obstacles ne sont pas purement lin-*

*guistiques, mais se situent dans le domaine des incerti-
tudes sociales*[21]. L'enseignant devrait préparer l'élève à
cette situation insécurisante, ne serait-ce qu'en le libérant de
la peur des incorrections et en lui proposant des stratégies qui
le préservent du ridicule.

Le locuteur étranger devra disposer d'une stratégie rhétorique adaptée à ses moyens pour signaler à son interlocuteur
que ses incorrections linguistiques ne recouvrent pas une
incompétence au plan du contenu et qu'elles ne trahissent
pas non plus un manque de politesse ou de délicatesse dans
les relations humaines. Idéalement, le locuteur de langue
maternelle devrait être sensibilisé à la situation de son interlocuteur étranger et l'aider à se faire comprendre. En ce
sens, on pourrait définir la communication transculturelle
comme un processus de négociation et de coopération entre
locuteur de langue maternelle et locuteur étranger.

Cette attitude qui consiste à interroger son partenaire, à
s'assurer qu'on a bien compris, et donc à retarder consciemment le processus de compréhension, ne peut réellement se
développer que chez celui qui a dû passer par l'emploi d'une
langue étrangère. Pour pouvoir se mettre à la place de
l'autre, il faut à notre avis avoir soi-même appris à supporter
sa propre maladresse sans se dévaloriser à ses propres yeux.
Cela suppose que le locuteur de langue maternelle se refuse
à élever sa propre compétence en norme de communication
à partir de laquelle il en viendrait à mesurer l'autre. Le fait
que l'autre s'applique à communiquer dans une langue pour
lui étrangère devrait être estimé et apprécié comme un
témoignage d'intérêt bienveillant et inciter à s'exprimer de
manière compréhensible. Pour cela il faut parler plus lentement, mais aussi renoncer à certains effets rhétoriques habituels qui témoignent d'un besoin de signaler sa maîtrise de
la langue. De son côté, l'apprenant devrait connaître les
nuances accentuelles, rhétoriques et leur résonance sociale
pour les repérer correctement.

L'emploi d'une langue étrangère dans le pays cible nécessite par conséquent qu'on prenne possession de son statut

---

(21) List, 1981, p. 166 et pp. 171-172

d'étranger, sans chercher à le nier, mais en l'investissant au contraire avec stratégie dans la communication. Sur le plan psychologique, on se libère ainsi de la pression suscitée par l'attente réelle ou supposée de l'interlocuteur, tout en éveillant sa curiosité pour son propre pays, voire en provoquant l'admiration pour le degré de maîtrise de l'expression auquel on est parvenu.

■ L'enseignement d'une compétence communicative transnationale et transculturelle à l'école passe par un apprentissage et par un exercice au même titre des deux rôles, aussi bien de celui du locuteur de langue maternelle confronté à un étranger que de celui de l'étranger qui communique avec des locuteurs de langue maternelle. La compréhension est nécessaire des deux côtés si nous voulons déjouer le réflexe automatique d'ignorance, voire de refus de l'étranger provoqué par les émotions négatives, et réorienter ce réflexe dans un sens productif.

IV

Préparer des échanges scolaires en Europe

Contrairement aux théories que professe l'économisme ambiant, la principale fonction de l'école n'est pas de préparer les jeunes à un métier défini une fois pour toutes, mais de les introduire à la compréhension du monde dans lequel ils l'exerceront. De même, le rôle des moyens de communication n'est pas de submerger le citoyen sous un flot incessant d'images et de messages que leur surabondance rend in-signifiants, mais de l'aider à en découvrir une grille de lecture.

Claude Julien[1]

1

Maîtriser
des situations complexes
de communication
à l'étranger :
définir un cursus

1.1. Les objectifs partiels

Les expériences qui permettront de faire progresser et de stabiliser la personnalité ne pourront être menées que dans des situations réelles, qui seules permettent de confronter l'individu aux exigences et aux difficultés concrètes auxquelles l'enseignement doit le préparer. Mais la confrontation pure et simple avec une situation réelle est loin de garantir que le sujet aura la capacité de la maîtriser, parce que la peur de l'inconnu et du non-familier peut exercer une influence négative sur la perception et le comportement. De plus, les apports théoriques de la psychologie des émotions, dont nous parlions précédemment, démontrent qu'un contact purement cognitif avec la langue et le pays cible, basé sur des textes et des documents, ne suffit pas pour atteindre la compétence sociale qui permettra une authentique familiarité avec la langue cible et les interlocuteurs dans la culture visée.

---

(1) Claude Julien : «Le temps des ruptures», *le Monde diplomatique*, mai 1989, p. 15.

On déplore souvent le caractère artificiel et le manque de réalité de l'enseignement des langues étrangères à l'école. Pour les motiver, on fait miroiter aux élèves une pratique professionnelle vague et lointaine, dans laquelle les langues étrangères sont censées jouer un rôle. Sans vouloir contester le bien-fondé de cette stratégie de motivation, il semble que les élèves aient besoin de perspectives plus immédiates et plus réelles pour utiliser pleinement leurs connaissances en langues étrangères. Notre premier objectif sera de saisir toutes les occasions d'apprentissage pratique offertes pendant la période scolaire. Ces objectifs à court terme peuvent avoir une influence très positive sur la motivation des élèves, à condition que l'enseignement sache les exploiter systématiquement.

Par conséquent, il faudrait définir les objectifs pédagogiques en fonction de situations réelles : échanges scolaires à la fin du cycle de collège et voyages d'études à la fin du lycée. Les appariements scolaires et les jumelages peuvent servir à établir de nouvelles formes de collaboration entre les classes et les enseignants[2]. Les séjours d'études à l'étranger, les stages pratiques ou les petits métiers de vacances viennent compléter la liste de ces opportunités.

Mais l'enseignement des langues étrangères devrait aussi assumer une certaine fonction dans l'éducation du touriste et dans la cohabitation avec ses concitoyens d'origine étrangère. En outre, toutes les possibilités de rencontre avec la culture cible dans son propre pays doivent être exploitées. Ce n'est pas seulement le rôle d'invité qu'il faut exercer, mais aussi l'accueil, c'est-à-dire la capacité à faciliter à des étrangers l'intégration dans sa propre vie quotidienne. La suppression des frontières en Europe à partir de 1993 crée des conditions nouvelles, dont tient compte le programme LINGUA, adopté le 22 mai 1989 par la Communauté européenne. (Pour plus de détails sur ce programme, cf. annexes)

---

(2) Cf. Alix/Kodron 1988, 109 p.

1.2. Les thèmes à traiter : affronter la complexité

Une situation transculturelle de communication et de rencontre se définit comme une constellation complexe, dans laquelle interviennent les formes d'organisation sociale (les conditions institutionnelles et leurs systèmes de règles, les définitions de rôles), les symboles culturels (les conventions, les formes de communication, les hiérarchies) et enfin naturellement les différences d'origines culturelles. La situation d'un individu se définissant par ses expériences et par les processus d'apprentissage antérieurs, il est nécessaire, dans un contexte d'apprentissage des langues et des cultures, de les confronter avec des constellations de situations issues d'un autre contexte socioculturel. C'est la raison pour laquelle, par exemple, le module pédagogique *le Languedoc-Roussillon. Une région face à l'Europe* (Ammon *et alii* 1987) place les élèves dans le rôle de touristes potentiels, confrontés aux problèmes économiques et sociaux d'une région qui ne représente normalement pour eux qu'un objectif touristique :

En mettant en relation le point de départ des apprenants avec la situation visée, on discerne les éléments d'une situation transculturelle qui sont généralisables et qu'on peut également anticiper dans l'enseignement. Dans le cas du module pédagogique *Vivre l'école*, qui doit préparer à la situation de l'échange scolaire avec une école française, la réalité scolaire vécue par les élèves est mise en relation avec un exemple tiré de la réalité scolaire de la France, situé au même niveau d'expérience :

> *L'attribution aux images fixes extraites du film* Une journée d'école dans la vie d'Anne C. *des termes français servant à désigner certaines fonctions et les types d'activités correspondants permet de jeter un pont entre les contenus présentés à l'image et la langue étrangère. On s'efforce ainsi de faire associer aux concepts français des représentations de la réalité française afin d'éviter qu'ils ne soient chargés de représentations allemandes. En associant les personnes/fonctions aux activités telles qu'elles sont décrites, les élèves ont en outre la possibilité d'apprendre à découvrir un vocabulaire inconnu. L'école est un bon exemple d'institution fondée sur des désignations fonctionnelles que les élèves peuvent deviner à partir de l'activité et du contexte sans avoir besoin de retenir nécessairement tous les termes techniques. Dans la communication, la question : « que fait telle ou telle personne ? » peut aussi les aider à saisir le poste ou la personne qui assume une fonction. Grâce à cet exemple, les élèves peuvent constater à quel point une réalité diverse se cache derrière les équivalences lexicales telles que « école » = « Schule » et que ces correspondances sont des généralisations qu'il faut approfondir si l'on veut percevoir les différences et les similitudes au niveau concret entre les réalités scolaires française et allemande[3].*

Une telle confrontation permet de déterminer les exigences types, aussi bien d'ordre analytique que réceptif, conceptuel, en matière de production d'énoncés et de stratégies de communication, produites par toute situation d'échange entre deux pays, deux institutions, deux individus

---

(3) Alix *et alii*: *Vivre l'école*, Schöning, Paderborn, p. 71.

d'une même tranche d'âge regroupés dans ces institutions. On peut en déduire ensuite les compétences auxquelles l'enseignement doit préparer concrètement. Les caractères généralisables de la situation doivent pouvoir être appliqués à un cas concret, afin que les élèves puissent les reconnaître et s'en servir dans une situation concrète. Ces caractères généralisables sont en même temps les caractères essentiels de la situation qu'il ne faut en aucun cas négliger pour qu'un séjour à l'étranger réponde aux attentes de tous les participants.

1.3. Les types de compétences à développer

La première question à se poser dès qu'on veut mettre en place un apprentissage fondé sur des situations cibles est de savoir comment une telle situation peut être représentée dans l'enseignement de manière à ce que ses exigences essentielles en matière de contenu et ses caractéristiques communicatives puissent être non seulement reconnues, mais aussi exploitées de manière réceptive et productive par les élèves.

Les études de cas présentent l'avantage de rassembler en taille réelle les éléments structurels et leurs formes de réalisation concrètes, exploitables ensuite à l'aide de toutes sortes de documents de nature audiovisuelle, écrite ou graphique.

L'élaboration des études de cas et la sélection des documents existants, ce qu'on appelle «documents de base» de l'enseignement, devraient tenir compte des caractéristiques du groupe d'apprenants, des relations avec l'autre pays, avec une école partenaire ou une ville jumelée, et des possibilités d'échanges de matériels et d'expériences.

En ce qui concerne le groupe d'apprenants, il faudra être très attentif dans le choix du matériel à ce qu'il y ait au niveau pratique suffisamment de possibilités et d'occasions de mobiliser l'expérience et les concepts des élèves, à ce que la différenciation conceptuelle soit facilitée par la comparaison entre sa propre expérience et les documents, et à ce que les rôles sociaux puissent être reconstituables à partir de l'exemple concret[4].

Il faut ici faire une remarque sur le statut des documents dans l'enseignement des langues vivantes. Dans notre conception, les textes, et surtout les documents non linguistiques, ne sont pas seulement des prétextes à «verbalisation». S'il s'agit de comprendre des contenus qui doivent, naturellement, être explicités en langue étrangère, les élèves doivent cependant aussi se confronter aux conventions et aux principes formels dominants au sein d'une société, ce qui suppose une connaissance de documents similaires issus de leur propre contexte social. Les relations forme/contenu, spécifiques à chaque culture, doivent aussi être l'objet d'une analyse comparative, sur différents types de documents linguistiques, graphiques, auditifs et iconographiques. On peut ainsi, dès la constitution du corpus de matériaux pédagogiques, constater à quel niveau les concepts doivent être différenciés.

La nécessité d'un lien avec le niveau d'expérience des élèves n'est donc pas le seul motif justifiant le recours à un matériel illustrant concrètement la réalité. Il s'agit aussi de redéfinir le rapport entre le particulier et le général dans les concepts, de (re)connaître les équivalences fonctionnelles et de s'entraîner ainsi à mettre en relation les éléments divers à un autre niveau de généralisation.

Mais le niveau de **l'équivalence fonctionnelle** n'est que le point de départ pour observer comment dans les différentes sociétés, et pour un problème commun, on privilégie, on juge, on rejette les différentes variantes de solutions. L'analyse du matériel filmé sur une journée d'école dans un collège français permet, par exemple, de s'interroger sur l'activité des personnes dans différentes scènes et conduit à la question : quels rôles/fonctions résument les différentes activités ?

---

(4) Cf. la production et l'utilisation du film : *Une journée d'école dans la vie d'Anne C.* dans le module pédagogique *Vivre l'école* et les interviews des acteurs et des habitants du *Languedoc Roussillon. Une région face à l'Europe.*

Questions permettant d'éclairer la fonction du conseiller d'éducation (autrefois appelé «surveillant général»), par exemple :
* *Qu'est-ce que tu fais quand tu arrives en retard ?*
* *On va directement en classe ? (En France, on va chercher un billet de retard chez le CPE)*
* *Qui surveille les élèves dans la cour ?*
* *Qu'est-ce que vous faites à l'école quand vous n'avez pas cours ?*
* *Qui surveille le repas de midi ?*
* *Qui règle les conflits ?*
* *Qu'est-ce qui se passe quand vous vous battez dans la cour ? Ou quand tu n'es pas d'accord avec ton professeur ? Qu'est-ce que tu fais ?*
* *Est-ce qu'il y a d'autres choses à régler ? À qui s'adresser ?*

in *Vivre l'école*, op. cit., p. 82.

On attend des élèves qu'ils puissent, en se fondant sur leur propre expérience scolaire, identifier certains types d'activités et qu'ils puissent les assigner à une personne. Après avoir analysé les types d'activités dans l'exemple français, on les compare avec la réalité scolaire allemande, et l'on demandera d'attribuer les types d'activités à des personnes agissantes. L'exemple du conseiller d'éducation met en évidence le fait que des caractéristiques d'activités, qui du côté français se rattachent à un seul rôle/personne, sont réparties en Allemagne sur différentes personnes. Il n'y a donc pas d'**équivalence fonctionnelle** au niveau des rôles et des acteurs. C'est pourquoi il devient nécessaire de passer à la définition des caractéristiques de l'activité, et de former un concept général, sous lequel pourrait se résumer ce qui est commun à toutes les personnes, et qui serait en même temps une description de la fonction dans le cadre scolaire. Dans l'exemple choisi, les élèves parviennent assez facilement au concept général de «discipline», dont le maintien (entre autres) est confié en France à une seule personne : le conseiller d'éducation. C'est ce concept général qui permet d'ordonner la perception et de rassembler le différent à un autre niveau, sous une **équivalence fonctionnelle** : dans le contexte allemand, cette fonction disciplinaire est assumée

par toutes les personnes et à tous les niveaux de la hiérarchie scolaire.

On peut dès lors se demander si ce qui, dans une perspective théorique, apparaît d'abord comme une équivalence
fonctionnelle objective est aussi identique du point de vue de
la valeur. Cette question oblige à présenter et à thématiser
la concurrence éventuelle entre des échelles de valeurs et
des représentations de l'ordre social différentes qui dévoi-
lent à leur tour l'édification du système social, le rôle de la
hiérarchie et celui des individus à différents niveaux. Par là
même, c'est aussi la question du «comment» qui devient pertinente : comment est exercée la fonction, par quels moyens
est mise en place la discipline ? Le pouvoir de sanction est-il
lié à la fonction ou transmis à un autre niveau ? Quelles
marges d'interprétation sur la conception des méthodes et
l'application de la discipline sont admises par un rôle/fonc-
tion ? Quelles sont les différences dans les deux pays ? Quel
rôle jouent la responsabilité et l'autodiscipline ? etc. Après
avoir examiné les différentes variantes, on peut discuter et
se demander à quelle «solution» on donne la priorité. D'un
côté, cela peut mener à l'affirmation de ses propres représentations habituelles de l'ordre – certes après réflexion –,
mais cela peut aussi conduire à leur remise en question :
confrontée à d'autres possibilités de solution, la tradition
culturelle de l'élève devient réflexive, un processus qui dans
les sociétés pluriculturelles doit nécessairement être organisé de manière cognitive, afin d'entraver la naissance ou la
diffusion de malentendus profonds, qui nuisent aux bonnes
relations, ou, dans le pire des cas, engendrent des réactions
xénophobes, pouvant aller jusqu'au racisme.

L'individu peut être aussi amené à se demander quelle
attitude il devra adopter à l'égard de la forme sous laquelle
une fonction est assumée dans un contexte étranger, en particulier lorsqu'il ne peut pas l'accepter, même après mûre
réflexion. Si l'individu veut se comporter en tirant la leçon
des convictions nouvelles qu'il vient d'acquérir, il se trouve
confronté au problème de leur réalisation au sein d'une
situation précise. Certes, les cas sont différents : si l'individu
est exposé à une situation de manière durable, ou au moins
un certain temps, il se verra obligé d'intervenir pour maintenir sa propre image de soi, auquel cas il peut s'attendre à

des résistances. En revanche, si une situation est limitée dans le temps, une intervention individuelle serait d'emblée inutile, et la force des rapports la mènerait sans doute à l'échec. La rupture d'un consensus institutionnel bien ancré et de la conception traditionnelle d'un rôle est un processus si long qu'il serait impossible à accomplir dans le temps disponible – par exemple pendant un bref séjour dans une école étrangère – et un tel projet ne trouverait probablement pas d'alliés dans le contexte étranger. L'action et le comportement doivent ainsi accepter une certaine adaptation aux règles données. Mais chacun peut contribuer à faire qu'un rôle traditionnel soit rompu, c'est-à-dire que les acteurs soient eux aussi accessibles à la réflexion, s'il «thématise» systématiquement ce qui choque ou intrigue son attention aiguisée par le regard étranger. Tout ce qui, dans le fonctionnement d'une institution, est quotidien et automatisé, répondant à des règles spontanées et admises, peut ainsi être mis en question et déclencher un processus de réflexion chez les autochtones. La même chose vaut naturellement dans l'autre sens, en ajoutant que le contexte dans lequel on vit durablement permet mieux d'intervenir pour mettre en œuvre des modifications dans la pratique. Les individus, qui vivent aujourd'hui dans des sociétés pluriculturelles, doivent acquérir des stratégies communicatives pour aider à mettre en œuvre de tels processus aussi bien chez eux qu'à l'étranger.

Aucun document ni aucun texte ne peuvent directement transmettre cette compétence. Ce premier constat aura des incidences directes sur la conception du matériel pédagogique. La seconde conséquence est que les connaissances acquises grâce au matériel ne sont qu'une condition nécessaire mais non suffisante pour assurer que ces connaissances pourront aussi être mises en œuvre selon la forme souhaitée. C'est pourquoi il est indispensable de se mettre d'accord sur les principes et les échelles de valeur de la communication transculturelle, et sur l'emploi des connaissances dans des situations réelles ou anticipées : la confrontation avec une culture cible ne concerne pas seulement la perception et la compréhension de l'étranger, mais aussi le recentrage de sa propre personne et du contexte socioculturel dont on est issu. (cf. *infra*)

1.4. Les conditions de compréhension/production

La compétence communicative comprend des capacités réceptives (lire et entendre) ainsi que productives (écrire et parler), et c'est la raison pour laquelle le corpus doit être constitué de telle sorte que les élèves puissent en acquérir les bases essentielles lorsqu'ils travaillent sur des documents et sur les exercices correspondants. Il faut aussi décrire plus précisément les différentes implications de contenu de l'activité réceptive et productive dans la langue étrangère.

Les conditions de réception de documents écrits et sonores – dans une langue étrangère pour le cas qui nous intéresse – dépendent du lien du document envers la réalité qu'il représente ainsi que du profil qu'une partie de la réalité prend par le mode de représentation. Le film, la photo, le document enregistré, le texte écrit, le dessin, le tableau, le collage, etc. sont les diverses manières de représenter la réalité, dans le sens dialectique que recèle le terme de «reflet». Ainsi que l'a montré Karel Kosik dans son livre *Die Dialektik des Konkreten* (1967), les créations artificielles de l'homme ne reflètent pas seulement la réalité, dans le sens de reproduire, mais ils la produisent aussi. L'architecture en est l'exemple le plus évident, mais un film, une photo, un texte modifient aussi les conditions dans lesquelles nous vivons et notre manière de les percevoir.

En même temps, l'élaboration de ces documents s'inscrit dans une tradition de production et de réception, spécifique à chaque société, et dont on suppose que la connaissance est partagée par les membres d'une même communauté. La réception dépend ainsi également de l'expérience et des habitudes acquises au cours des processus de socialisation en langue maternelle :

> *Les langues, comme les coutumes, naissent de la réponse des groupes humains au milieu matériel où ils vivent ; même si la tendance au langage fonctionne dans tous les groupes humains selon la même logique, et même si les utilités et les nécessités de la*

vie sont les mêmes pour tous ; cependant les groupes humains ont considéré ces universaux sous différents aspects, c'est-à-dire qu'ils ont diversement fourni la pertinence de leur univers[5].

L'allure habituelle des documents, des objets, de l'architecture, de l'urbanisme, des intérieurs, etc. (autrement dit l'allure sémiotique de l'environnement socioculturel) crée de son côté des attentes de réception[6].

Représentation, production et perception de la réalité sont ainsi dépendantes des conditions de production et de maintien de la tradition au sens le plus large du terme, conditions qui imprègnent la société et qui jouent un rôle dans la socialisation. C'est pourquoi les mécanismes psychologiques de la perception doivent être pris en compte dans une didactique de la réception, en particulier de textes et de documents se rapportant à une autre société et rédigés dans une langue étrangère.

Lorsqu'on compare les sociétés française et allemande, qui présentent une grande similitude en dépit de toutes leurs différences, la réception de documents doit éviter le piège de l'interférence et se méfier des apparences qui sont, comme chacun sait, trompeuses. En outre, les attentes provoquées par la masse d'images toutes faites et de stéréotypes sur la France, diffusés par les médias, ne demandent qu'à être confirmées[7]. Le «je connais déjà» émousse la curiosité pour tout ce qui serait à re-découvrir [8].

Cela ne vaut pas seulement pour le touriste, mais aussi pour le spectateur de cinéma, le lecteur du journal, le journaliste, le scientifique. Il est très rare que les interprétations

(5) Vico, cité par Umberto Eco, 1988, p. 166.

(6) Cf. l'essai d'Hartmut Melenk : *Semiotik als Brücke* in *Jahrbuch Deutsch als Fremdsprache* 1980, pp. 133-148.

(7) Cf. Dietrich/Héloury 1990.

(8) L'expression est empruntée au titre du film documentaire *Paris – mais je connais déjà* (*Paris – kenn ich schon*), dans le modèle expérimental : *Voyages d'études dans la perspective d'une compétence communicative transnationale* (*Studienfahrten in der Perspektive transnationaler Kommunikationsfähigkeit*), réalisé à Paris avec le soutien de la fondation Robert Bosch.

soient vérifiées lors de la réception de documents venant d'une autre société[9].

Plus les sociétés sont proches les unes des autres, plus il faut étudier dans le détail leur mode de fonctionnement, leurs traditions et leurs cultures politiques. La perception et la pratique sont intimement liées. La confrontation avec des documents qui représentent la réalité étrangère, en particulier ceux qui sont destinés à un public local, est plus qu'un simple entraînement intellectuel : elle devient une qualification indispensable à la cohabitation dans une Europe sans frontières.

Dès que des domaines particuliers de deux sociétés sont mis en relation dans une visée pratique, on voit surgir des problèmes de coopération et de compréhension qui rendent nécessaire un travail sur leur dimension socioculturelle[10].

C'est pourquoi il faut accorder une attention à la fois au contenu et à la forme des documents pour maîtriser leur réception par les élèves. L'exemple relativement simple de la statistique peut nous servir d'illustration. Dans les deux sociétés, l'étude du chômage et de l'évolution démographique passe par des enquêtes statistiques. Pour interpréter la situation dans les deux pays, on s'appuiera donc spontanément sur une comparaison des chiffres, sans se demander s'ils sont établis selon les mêmes critères. Or, si en Allemagne, seuls les jeunes jusqu'à vingt ans figurent dans la catégorie du chômage des jeunes, la France y inclut les jeunes jusqu'à vingt-cinq ans. La même chose s'applique à l'évaluation du développement démographique : en France, tous les enfants nés sur le sol français, c'est-à-dire aussi les immigrés, sont retenus dans le calcul, alors qu'en Allemagne, en raison d'un autre ordre juridique, les immigrés

---

(9) Les programmes européens de coopération entre les grandes écoles laissent pressentir le phénomène qui va atteindre les sociétés européennes à partir de 1993, date prévue pour la suppression des frontières : l'échange de résultats de formation provoque une comparaison et fait ressortir les différences socioculturelles entre les systèmes d'enseignement supérieur et leur contexte social. Les interprétations qui reposent sur des préjugés ou des attentes erronées ne pourront plus résister à la réalité. Cf. Baumgratz-Gangl, 1989, pp. 175-198.

(10) Cf. également Baumgratz *et alii* 1978, pp. 25-38.

sont exclus de la statistique. Mais ces subtilités ne sont jamais prises en compte dans le discours officiel. Que penser dès lors des «comparaisons» de cet ordre et des conclusions qu'on peut en tirer, sinon que l'autre sert de prétexte pour justifier des objectifs de politique intérieure, afin par exemple de minimiser l'ampleur du chômage? On est en droit de se demander ce qui se passera lorsqu'il s'agira de politique intérieure européenne...

Une fonction essentielle de l'enseignement des langues étrangères consiste donc à préparer les élèves à cette situation, en leur apprenant à se servir de manière adéquate de documents et d'études qui se réfèrent à un autre contexte socioculturel que celui qui leur est familier (dans une perspective historique, cela vaut aussi pour leur propre contexte social). Seule une attitude à la fois comparative et historique permet de déceler les différences de développement.

Au sein d'une société, les disparités dépendent de la «modernisation» et de la démocratisation, voire des possibilités réservées aux individus d'accéder à des positions privilégiées ou simplement attractives. Sous l'aspect de la «modernisation», on peut mettre en évidence des disparités géographiques sur le plan du développement économique, tandis que sous l'aspect de la démocratisation on constate les disparités dans l'accès au pouvoir politique et dans la répartition des chances dans le cadre de la hiérarchie sociale. Cette disparité, qui a toujours pour conséquence une inégalité, détermine naturellement aussi, et dans une mesure considérable, le rapport de certains acteurs envers la réalité sociale globale et se manifeste dans leur représentation de cette dernière. L'intégration européenne fera prendre davantage conscience de ce problème, puisque le marché intérieur mettra en évidence les conséquences sociales de cette intégration.

Pour l'observateur étranger, la perception se trouve compliquée par une série de facteurs. Les principes formels et les données structurelles ne sont pas les seuls à être soumis à des traditions spécifiques : les acteurs, les groupes sociaux et les espaces géographiques le sont également. L'exemple du rapport hiérarchique entre dialecte et langue officielle en France illustre très bien cette difficulté : la domination sociale d'une région et de sa langue, le français parisien dans notre exemple, est confirmée et renforcée par l'enseignement du français à l'étranger parce qu'il est élevé en norme linguistique pour l'apprenant. Cette norme ne s'appliquant, même dans la région concernée, qu'à un groupe relativement restreint, les élèves sont peu préparés à la compréhension de variantes régionales dialectales ou sociales du français, bien qu'ils soient plus aisément amenés à entrer en contact, lors d'un séjour dans l'autre pays, avec ces exemples d'emploi du français déviants de la norme, plutôt qu'avec le français parlé par une élite sociale parisienne. À cela s'ajoute le fait que de très nombreux travailleurs étrangers et immigrés venant de toutes les parties du monde vivent dans les régions à forte concentration urbaine, et qu'une partie d'entre eux ne disposent que de capacités communicatives très réduites en français, utilisant surtout le français avec d'autres références culturelles :

> *Le langage et ses variétés (dialecte ou sociolecte) est l'un des signes évidents de l'identité culturelle que les gens rencontrent quotidiennement. Les individus se servent plus ou moins consciemment des variétés de langage pour signaler leur identité sociale, adaptant souvent leur langage au type de situation et à leurs interlocuteurs. En France, les variétés dialectales signalent une culture régionale ; l'importance de la langue d'oc dans la culture méridionale n'en est qu'un exemple parmi les plus connus. Il faut ainsi constater que le langage, que ce soit pour des groupes, des régions ou des nations, est une manière de marquer son identité culturelle comparable à d'autres marqueurs culturels tels que le vêtement, l'habitation ou les institutions sociales.* (Byram, 1989, p.40)

Dans le module pédagogique *Être français, rester breton. À la recherche de l'identité culturelle* (1986/88), Adelheid Schumann s'est particulièrement intéressée à cet aspect de la question. La cassette d'accompagnement contient aussi bien des exemples de breton que de patois français de la population locale.

Il en est de même pour la cassette accompagnant le module pédagogique *le Languedoc-Roussillon. Une région face à l'Europe* (Ammon *et alii* 1987).

Dans les séjours d'étude et de travail, il est indispensable de reconnaître les variantes dialectales, sans pour autant être obligé de les utiliser pour s'exprimer. Il faut combattre l'acceptation irréfléchie d'une hiérarchie sociale existante, qui se manifeste aussi dans la langue, et son imprégnation dans la conscience des élèves par l'enseignement des langues vivantes :

> *Parler le dialecte d'une classe sociale est un signe de fidélité dans la mesure où le locuteur choisit de conserver son dialecte ou d'en employer un autre. Employer le vocabulaire du communisme est un moyen de signaler des convictions politiques. Mais le langage évoque toujours autre chose : on ne peut pas parler le dialecte, employer le vocabulaire, sans faire référence à autre chose. Certes, le langage est souvent transparent et discret. Un dialecte ouvrier n'est pas un choix manifeste de la part du locuteur dans un milieu ouvrier. Dans un milieu communiste, le terme « aliénation » est monnaie courante. Dans les deux cas, l'essentiel porte sur les significations et sur le message que le locuteur entend exprimer immédiatement. Dans un milieu de classe moyenne en revanche, l'accent ouvrier s'écarte de la norme et connote inévitablement certaines valeurs : il est interprété comme un acte de fidélité sociale. Dans un milieu non communiste, l'emploi du mot « aliénation » nécessite une explication qui implique une prise de conscience des significations ordinaires prêtées à ce mot. [...] Le langage fait constamment référence au-delà de lui-même, sans tenir compte des intentions du locuteur : le langage ne peut être employé sans porter des significations et des allusions, même dans le plus stérile environnement d'une classe de langue étrangère. Les significations dans un langage particulier désignent la culture d'un groupe social particulier, et l'analyse de ces significations – leur compréhension par des élèves ou par d'autres locuteurs – implique une analyse et une compréhension de cette culture. (Byram, 1989, p. 41)*

L'un des grands problèmes de l'apprentissage d'une langue étrangère tient au fait qu'il ne s'agit pas seulement d'acquérir du savoir et des méthodes de travail, comme c'est le cas dans les disciplines enseignées en langue maternelle, mais qu'il faut, en même temps que les contenus, acquérir un nouveau système de références envers le contenu et la réalité. Cette tâche est encore compliquée par le fait que le nouveau système de références doit aussi être applicable au contenu déjà connu, qui n'intervenait jusqu'à présent que dans le contexte de la langue maternelle. La traduction se fonde sur cette possibilité, et c'est pourquoi elle est un processus permanent de négociation de la signification et d'interprétation dans la personne du traducteur lui-même. L'adéquation de sa traduction ne se mesure pas seulement à la correction de la transposition linguistique, mais davantage à l'adéquation du contenu, qui doit s'inscrire, tout en tenant compte d'un contexte socioculturel ou d'un domaine d'utilisation de la langue, dans le cadre de la terminologie «légitime» et des conventions de morphologie et de syntaxe.

C'est pourquoi la perception peut aussi être considérée comme une retraduction de ce qui est perçu dans des systèmes de concepts, des conventions de représentation, de pensée et de valeurs familiers. La perception de l'étranger nécessite un contrôle particulier qui se déroule soit dans l'individu lui-même, comme un processus intellectuel visant la maîtrise d'une dissonance cognitive, soit dans l'échange avec le partenaire.

Si nous partons du principe que l'apprenant acquiert dans l'enseignement une série de connaissances servant à la perception de documents issus du pays cible, ou à la compréhension de situations réelles, il disposera de points d'appui qui lui faciliteront la compréhension et qui lui ouvriront en même temps la possibilité, en se référant explicitement ou implicitement à ce préacquis, de saisir plus profondément le sujet qu'il aborde dans une conversation avec un étranger. C'est pourquoi le savoir culturel n'est pas un but en soi, mais un facteur de rapprochement de la réalité étrangère et surtout des partenaires potentiels de la communication. Le savoir prend dans ce contexte une qualité affective : lorsqu'il rencontre un étranger qui utilise sa langue, le locuteur de langue maternelle se réjouit de sa connaissance du pays, parce qu'il l'interprète comme un intérêt adressé à lui-même et à son pays, avec lequel il s'identifie davantage dès qu'il se trouve en présence d'un étranger.

Une curiosité feinte, qui s'exprime dans des questions très générales, ne permet pas d'atteindre cet objectif. Il faut que le locuteur de langue maternelle trouve dans les énoncés de son partenaire étranger des indices montrant que son intérêt est véritable, et pas seulement un acte de politesse gratuite, pour qu'il soit disposé à répondre à une question de manière différenciée. Ce savoir englobe non seulement la connaissance de domaines sociaux ou de contenus spécifiques, mais aussi des connaissances socioculturelles sur des tabous ou sur des sujets qui, dans certains contextes, ne peuvent pas être abordés, si ce n'est avec une grande prudence.

Ici apparaissent aussi entre la France et l'Allemagne, en dépit de toute leur proximité, des différences qui sont souvent ignorées et qui conduisent à des frustrations : le fait, entre autres, que les Français soient moins enclins à parler de leurs problèmes privés lorsqu'ils se trouvent dans un contexte social défini comme public, par exemple dans le cadre du travail. C'est pourquoi les conceptions souvent divergentes des sphères de ce qui est public et de ce qui est privé dans différentes sociétés et groupes de population sont un facteur important, dont la communication transnationale doit tenir compte.

Dans ce contexte, le terme d'*interlangue*, issu de la recherche en didactique des langues étrangères, prend une signification positive : il ne se réfère pas seulement à une maîtrise linguistique déficiente chez l'apprenant, mais aussi à la nécessité d'autres stratégies communicatives et rhétoriques dans l'emploi d'une langue étrangère par rapport à l'emploi de la langue maternelle : le *common ground* doit être thématisé dans la communication entre locuteur de langue maternelle et locuteur étranger. En ce sens, celui qui apprend et qui utilise des langues vivantes en ayant l'impression d'avoir déjà tout compris est un mauvais apprenant.

2

Questions de méthodologie

2.1. Le cours de langue

L'apprentissage par tâche

En suivant Galpérine, nous définissons le processus d'apprentissage ou d'acquisition comme un « processus d'intériorisation d'actions extérieures ». Selon cette conception, les réactions spontanées en situation ne sont pas naïves, mais résultent d'une activité intellectuelle condensée et souvent inconsciente qui se fonde sur l'installation dans le cerveau de « relations nerveuses conditionnées », ainsi nommées dans les travaux de neurophysiologie de Luria, entre autres. Ces liaisons nerveuses conditionnées sont dans une certaine mesure la base matérielle de l'organisation de l'information dans le cerveau et de son cas particulier, l'activité de la pensée[11]. C'est pourquoi les exercices et les tâches qui doivent mettre en œuvre des processus d'acquisition complexes doivent mobiliser la mémoire et la pensée, afin de surmonter une réaction spontanée de nature « conventionnelle ».

2.1.1. L'apprentissage par tâche

L'intégration du nouveau exige au contraire qu'une tâche soit motivante. L'objectif doit être clairement défini et motivant en lui-même. Cela implique aussi que, pour l'apprenant,

---

(11) Luria, 1973 ; Luria *in* Hiebsch, 1969.

les étapes soient transparentes, réexploitables et plausibles en référence à l'objectif. Finalement, chaque étape partielle doit être pertinente en elle-même et son accomplissement doit pouvoir être éprouvé comme un succès.

À l'école, et compte tenu de la nécessité institutionnelle d'un contrôle de l'apprentissage, il faut veiller à ce que la forme et les contenus de l'examen ne soient pas en contradiction avec les performances exigées dans les exercices.

Pour être pertinent, un exercice devrait donc satisfaire aux conditions suivantes :

– proposer un matériel de base qui illustre un cas concret, présentant en même temps les caractères généraux de situations analogues ;

– fournir des propositions et des aides pour le travail sur le document de base ;

– donner des instructions concernant l'emploi des résultats partiels dans les étapes suivantes de l'apprentissage avec pour finir l'enchaînement de toutes les étapes partielles par une simulation dans laquelle on s'exerce à investir le savoir dans des situations anticipées de communication en langue étrangère ;

– offrir la possibilité d'une expérience pratique à l'issue de l'apprentissage.

La tâche proposée peut ainsi être décrite comme la décomposition d'un processus de production et de réflexion complexe, abrégé dans la réalité en des activités partielles qui s'étayent mutuellement, préparant au ralenti à des processus qui dans une situation réelle doivent se dérouler rapidement et «spontanément». Une telle progression permet d'acquérir des compétences partielles concernant la maîtrise du contenu et de la langue avant de les introduire, à l'aide d'une simulation, dans un contexte communicatif anticipé. Au cas où les élèves devraient prendre en charge des rôles qu'ils n'assumeraient normalement jamais dans la réalité, ces derniers doivent être préparés afin que les élèves puissent s'y projeter et qu'ils puissent investir de manière communicative leur savoir sur la réalité du rôle dans le pays cible. Si cette préparation était impossible, il reviendrait au professeur d'assumer lui-même ce rôle et d'assigner aux élèves des rôles plus proches de leur expérience, de leur savoir et de leurs possibilités et besoins de communication.

2.1.2. Le rôle du professeur

On voit ainsi à quel point, dans un concept fondé sur les tâches, la fonction du professeur de langue vivante se déplace : il exerce une plus grande responsabilité dans le choix de matériaux réalistes exploités dans le cours, sa fonction de contrôle se focalise sur la définition des tâches et sur l'intégration pertinente de l'évaluation dans la progression des tâches à accomplir, de telle sorte que les élèves puissent les ressentir comme un succès. Il se voit en outre investi d'une plus grande responsabilité en ce qui concerne les objectifs plus généraux de l'apprentissage des langues étrangères, et il doit centrer son enseignement plus intensément que par le passé sur l'emploi de la langue dans l'environnement social. Les intérêts philologiques et linguistiques induits par les études doivent céder le pas aux exigences pratiques de l'emploi des langues étrangères dans la communication interhumaine et entre des sociétés différentes. Ici s'inscrit un argument capital en faveur d'une formation permanente des professeurs de langues vivantes en exercice.

Sa fonction culturelle se déplace elle aussi : la transmission d'un héritage culturel (la littérature) en tant qu'objectif de l'enseignement d'une langue vivante s'efface derrière la formation aux relations avec des hommes et des femmes de l'autre société et de l'autre culture, voire des autres sociétés et autres cultures en général. Ce profil de la personnalité marque une nette différence par rapport au concept de citoyen cosmopolite, dont la familiarité avec le monde n'avait aucune finalité immédiatement pratique, et dont les besoins de communication étaient adaptés à une catégorie ou classe sociale comparable dans le pays cible.

Si la connaissance de la littérature n'est pas l'objectif, elle demeure néanmoins l'un des moyens de comprendre les controverses intellectuelles dans la société cible, qui sont un thème de communication transnationale. C'est pourquoi un roman peut être partie intégrante d'une étude de cas, de même qu'un film, un reportage de journal ou une interview.

D'un point de vue pragmatique, il faut aussi réussir à sélectionner les matériaux qui permettront d'acquérir des compétences soit essentiellement réceptives, soit productives, car il faut toujours penser à une utilisation optimale d'un capital de temps limité.

Les documents de base

Si l'enseignement des langues étrangères vise à une différenciation des concepts de langue maternelle, leur base sensible doit aussi être différenciée, et pas seulement leur forme linguistique (par exemple au niveau de l'équivalence lexicale). La perception de l'étranger dépend donc de la mesure dans laquelle des concepts déjà présents sont applicables à une réalité sociale nouvelle. Mais on ne peut répondre à cette question que si ces concepts sont appliqués à la réalité à partir d'exemples concrets. C'est pourquoi la question centrale qui se pose à l'enseignement est de savoir quelle forme de représentation de la réalité du pays cible est capable de briser l'évidence de ses propres concepts, afin d'éviter le phénomène d'interférence, c'est-à-dire d'une identification prématurée de l'objet étranger. D'autre part, il s'agit aussi d'éviter le phénomène de refus qui se produit lorsque intervient une émotion négative à la place d'une dissonance cognitive, qui se présente à l'individu comme une tâche de connaissance à résoudre (Obuchowski).

Comment éviter ces deux extrêmes ?
– Le matériel de travail ne doit pas être trop abstrait, car sinon les différences ne sont pas perceptibles, et le professeur serait lui-même contraint de concrétiser verbalement et d'apporter sa propre interprétation. Cette difficulté concerne en particulier la phase initiale de l'enseignement des langues vivantes.
– Il ne doit pas non plus être trop éloigné de l'expérience concrète des apprenants et il ne devrait pas dépasser leur niveau cognitif afin que puissent se produire les effets de reconnaissance qui permettent la comparaison tout en éveillant la curiosité.

La représentation imagée, voire filmée, de la réalité étrangère semble apporter une réponse facile à ces exigences. Parce qu'il intègre l'image, le mouvement, l'action,

le langage, le film apparaît comme le support idéal d'une représentation «authentique» de la réalité. Mais cette garantie d'authenticité n'empêche pas de prendre en compte certains caractères du matériel authentique, qui sont plutôt des obstacles à une compréhension adéquate dans l'enseignement d'une langue étrangère :
– le matériel authentique est produit dans le pays cible et pensé pour un public dans le pays cible ;
– le matériel n'est pas non plus produit à des fins didactiques d'enseignement des langues étrangères.

Certes, dans la perspective d'une compétence communicative transnationale, l'objectif qui consiste à comprendre des documents de cette espèce et à pouvoir se servir de ces contenus est essentiel. Cependant, par le passé, on n'a pas suffisamment réfléchi aux moyens par lesquels cet objectif pouvait être atteint. Beaucoup d'enseignants, à l'école ou à l'université, reportent l'insuffisance de la réflexion méthodique sur les élèves ou les étudiants et l'attribuent à une prétendue «bêtise».

Or, c'est ici que pourrait se situer précisément le point d'ancrage d'un enseignement des langues vivantes orienté sur la réalité. L'histoire du cinéma montre qu'on a dû très rapidement se libérer de l'idée naïve selon laquelle la caméra reproduirait la réalité objectivement «telle qu'elle est». On s'est aperçu que les films sont des constructions artificielles et qu'ils interprètent la réalité tout autant que les textes linguistiques. Jusqu'à présent cependant, la plupart des professeurs sont insuffisamment préparés à l'utilisation de ce media dans l'enseignement. Alors qu'ils disposent d'instruments raffinés qui leur sont fournis pendant leurs études pour interpréter les textes littéraires, ils sont, comme d'ailleurs la plupart des consommateurs de médias audiovisuels dans nos sociétés, des néophytes sur le terrain de la perception et de l'interprétation des médias, et c'est pourquoi ils éprouvent une certaine réticence, d'ailleurs bien compréhensible, à utiliser ce type de documents.

Mais on ne peut négliger l'attrait du film, qui est souvent utilisé, par sa valeur de divertissement, pour surmonter un manque de motivation chez les élèves. Lorsque des films authentiques sont présentés, on peut supposer, en raison des lacunes dans la formation des enseignants, que les difficultés posées par le contenu sont sous-estimées. Dans le meilleur des cas, ils sont rabaissés au rang de documents linguistiques, dont les dialogues parlés sont expliqués à l'aide de listes de vocabulaire. On réalise rarement à quel point les expériences, les références et les préacquis sur lesquels le film s'appuie sont divers.

2.2. Un exemple : le module pédagogique *Vivre l'école*

Le film, qui peut passer au premier abord pour le *deus ex machina* inespéré préparant à des situations de communication réelles dans le pays cible et avec les habitants de ce pays dans différents domaines de l'existence, soulève, à y regarder de plus près, un problème central de la communication transnationale et transculturelle : la capacité à la perception et à l'interprétation de ce qu'on appelle les documents audiovisuels authentiques qui représentent, certes, la réalité étrangère, mais qui ont été produits dans le contexte d'une autre société et pour un public étranger. En cherchant un film qui puisse transmettre une image concrète et exploitable de la vie dans un collège français, notre groupe de travail, réuni autour du projet *Vivre l'école*, s'est d'abord intéressé à une comédie tournée en France, intitulée *Très insuffisant*.

Dès la projection de ce film, nous nous sommes rapidement accordés pour penser qu'il ne convenait pas à nos objectifs, par le simple fait qu'il vise à dénoncer les lacunes du système scolaire français, qu'il accentue de manière très caricaturale. La réception de ce film supposerait que les élèves allemands, pour pouvoir exploiter et saisir l'objectif des attaques contre l'institution, disposent déjà des connaissances sur l'histoire et les conflits actuels dans le système de formation français, qui doivent justement être élaborées progressivement dans l'enseignement.

2.2.1. Les apprenants réalisent un film

Nous décidâmes donc de tourner nous-mêmes un film correspondant mieux à notre objectif et au groupe d'âge visé.

La production du film fut guidée par les réflexions suivantes : conformément à nos principes de centrage sur l'apprenant et de référence à la réalité de l'enseignement du français, le film devait – en se basant sur l'expérience d'élèves allemands de quatorze à quinze ans – construire une représentation de la réalité scolaire française préparant aux aspects essentiels d'une situation d'échange ultérieure. Le personnage principal, et qui permet une identification du spectateur, est une élève française à peu près du même âge, en troisième au collège de Chelles, dans la banlieue parisienne, et qui s'était portée volontaire pour la réalisation du film. Le choix de cette école s'imposait en raison du fait que le responsable de l'équipe vidéo et en même temps promoteur de l'idée, Freimuth Bahmann, de la *Gesamtschule Freiburg-Hasslach*, y avait séjourné en tant qu'assistant, et s'était familiarisé avec la situation locale, gardant des liens avec certains des collègues français. Le fait qu'il s'agissait d'une école française plutôt ordinaire et non d'une école modèle était à nos yeux un autre avantage important.

Dès la préparation du film, le centrage sur l'apprenant était assuré par un groupe d'adolescents âgés de quatorze à quinze ans, élèves d'une *Gesamtschule*, qui venaient de tourner un film sur une journée d'école dans la vie d'une de leurs camarades de classe, pour recueillir les expériences nécessaires à la réalisation du projet. Après plusieurs jours passés à suivre les cours, le groupe établit un scénario. Certaines similitudes structurelles entre la *Gesamtschule* allemande et le collège facilitèrent l'orientation dans l'école étrangère – ainsi par exemple le déjeuner pris à la cantine, qui est plutôt une exception dans les écoles allemandes.

Les responsables du film avaient reçu les consignes suivantes : le film devait retracer le déroulement de la journée d'un élève français du lever au coucher et en particulier la structuration temporelle, pour faire apparaître la répartition entre travail et loisirs. On devait aussi pouvoir comprendre les principaux dialogues avec de faibles connaissances en français ! Il était formellement établi qu'il ne devait pas s'agir d'un document didactique. Durant la participation aux cours, les élèves devaient être attentifs aux différences et aux éléments communs entre leur propre école et l'école française pour en tenir compte dans la construction du scénario. En outre, les principaux personnages de l'organisation scolaire française devaient être montrés dans l'exercice de leurs fonctions.

Afin d'éviter que l'attention des élèves allemands ne se concentre sur les imperfections dans l'organisation matérielle de l'école, le groupe avait pour recommandation de ne pas s'y attarder spécialement : les séquences pédagogiques ne prévoyaient pas en effet une comparaison entre la dotation matérielle des écoles françaises et allemandes. Il s'agissait ainsi d'éviter l'intrusion de préjugés qui n'auraient pas pu être thématisés par la suite.

Les cours d'allemand devaient obligatoirement faire partie du scénario, afin de montrer que les élèves français ont les mêmes difficultés à s'exprimer en allemand que les élèves allemands à s'exprimer en français.

Le film présente ainsi les caractéristiques suivantes :
– il s'agit d'images authentiques. Les scènes de classe sont filmées pendant des cours ordinaires ;
– l'enseignement fut filmé selon la perspective de l'élève ; l'expérience et l'attente des élèves allemands détermine le regard posé sur la réalité scolaire française ;
– dans un souci d'authenticité, tous les bruits de fond ont été conservés, même si cela nuit à la bonne qualité sonore (le niveau actuel de la technique permettrait évidemment d'obtenir facilement une meilleure qualité).

2.2.2. Les activités autour du film

En se basant sur l'expérience réalisée dans leur propre école, les élèves avaient pour mission de saisir un jour dans la vie d'une élève de collège française pour faire apparaître sur un exemple concret autant de caractéristiques structurelles que possible. Le sujet du film n'est donc pas totalement identique avec la situation d'échange scolaire à laquelle le cours doit préparer. Les séquences de cours thématisent cependant certains aspects de la réalité scolaire française représentés dans le film, qui seront importants pour la situation d'échange ultérieure. Les caractéristiques de cet exemple d'école française doivent donc être transposables à une expérience de jumelage.

Le film est accompagné d'interviews avec des élèves, réalisées par des partenaires allemands (élèves et professeur) et présentées en cassette audio. Les séquences sonores doivent permettre de varier les perspectives et d'élargir le spectre social, afin d'éviter les stéréotypes souvent transmis par les manuels scolaires. Ces documents doivent d'autre part introduire des dimensions importantes pour la situation d'échange, mais qui ne sont pas abordées par le film.

Pour l'enseignement avec les débutants (fin de la première année), nous avons isolé certains aspects du film, importants en vue de l'échange et adaptés aux capacités linguistiques et cognitives, mais aussi à la disposition affective du groupe d'âge concerné, sans pour autant épuiser les possibilités du film.

L'utilisation du matériel a montré l'intérêt des élèves pour tout ce qui concerne l'atmosphère et le climat du film – une discussion menée en allemand à l'issue de la première projection en cours l'a montré dans le détail : les élèves réagissent très spontanément aux aspects du climat scolaire qui transparaissent dans le style de l'enseignement, dans les relations élèves/professeur et les relations des élèves entre eux. Ils sont tout aussi attentifs à ce qui concerne les relations familiales. C'est exactement sur ce point que commence la mission, dévolue au cours, de faire la médiation entre les conventions sociales dans son propre pays et celles du pays étranger, entre les règles du jeu institutionnelles et le comportement concret des groupes ou des individus qui vivent dans les deux pays, selon des conditions différentes.

En outre, il est très important de constater que le film et les documents sonores peuvent être utilisés de manières très différentes en fonction du groupe d'âge et de ses intérêts spécifiques. Le point décisif dans notre concept d'enseignement par tâches reste toujours la relation entre l'objectif pédagogique, les préacquis du groupe d'élèves, la compétence linguistique et le contenu et la forme du document avec lequel on travaille.

L'avantage décisif du film tourné par un groupe d'élèves est de présenter la réalité étrangère en s'adressant aux élèves à leur niveau d'expérience. On atteint ainsi le rapport de distance et de proximité nécessaire à l'acquisition d'une connaissance. De cette manière, des différenciations dans les concepts deviennent possibles, entre autres par le fait que les élèves, ainsi que nous l'ont montré nos expériences, développent, à partir de l'exemple français, un vif intérêt pour leur propre situation scolaire.

On aborde ainsi une autre dimension de l'authenticité, qui caractérise la communication transnationale, celle du «regard étranger». Lorsqu'un auteur/producteur allemand communique ses impressions d'un extrait de la réalité française, son regard, influencé par sa propre expérience sociale, confère à la perception et à la représentation un profil particulier : consciemment ou inconsciemment, ce qu'il perçoit de l'étranger est mis en relation et évalué par comparaison avec ce qui lui est familier et personnel – en se fondant sur la reconnaissance.

Si nous partons du principe que les élèves relèvent prioritairement ce qui est différent, ils auront naturellement tendance à s'exprimer librement dès que la représentation de la réalité étrangère croise des traits familiers de leur propre environnement. Il est clair, en revanche, qu'une comparaison purement linguistique (Schule = école) désamorcerait la curiosité provoquée par la découverte de ce qui n'est pas directement intégrable à notre propre expérience.

Cela suppose que le «regard étranger» ne soit pas un regard naïf, mais un regard analysant, dans le sens où il établit dès le niveau de la perception des relations conscientes entre les idées reçues et l'extrait de réalité étrangère perçu. Celle-ci contient toujours, au simple niveau visuel, une prise de conscience de sa propre réalité[12].

---

(12) *Perception of an object is always associated with recognition or, in other words, its inclusion in a system of familiar associations.* (Luria 1973, p. 239). *Perception [...] is an active process which includes the*

Si l'on accepte l'idée d'une étroite relation entre perception visuelle et perception conceptuelle, conception défendue par les psychologues soviétiques, il faudra admettre que
toute représentation de la réalité étrangère, ou d'expériences avec la réalité étrangère, est le produit d'une
confrontation – fût-elle même simplement provisoire – avec
sa propre expérience. L'expérience de l'auteur de documents qui saisissent la réalité étrangère dans sa perspective
et l'expérience du destinataire étant similaires, la confrontation du destinataire avec l'extrait de réalité étrangère qui a
été enregistré dans le document s'en trouverait sensiblement
simplifiée. La réflexion des auteurs de manuels ou des professeurs ne suffira pas pour produire des matériaux proches
de l'élève, si le centrage sur l'apprenant n'a pas pour conséquence d'intégrer les élèves à la production de matériel de
base pour l'enseignement des langues vivantes.

2.2.3. L'exploitation du film

Tout document visuel qui reproduit la réalité (photo, film,
tableau, dessin, etc.) rend perceptibles davantage d'éléments
de réalité que, par exemple, des représentations linguistiques ou graphiques, lesquelles sont en revanche plus exi-
geantes pour la faculté de représentation, et posent pour
l'utilisation dans l'enseignement des langues vivantes le problème du contenu des représentations.

Si les images permettent de percevoir des éléments structurels essentiels de la réalité – par exemple de l'institution
scolaire – et si elles introduisent en même temps la dimension concrète qui est essentielle à la (re)connaissance de ces
éléments dans des situations comparables, les images fourni-
ront une sélection de points de vue qui s'intégreront à la
progression du travail sur des documents, dans le but de
permettre l'acquisition de concepts nouveaux et d'une compétence de réception et de production en langue étrangère.

*search for the most important elements of information, their
comparison with each other, the creation of a hypothesis concerning the
meaning of the information as a whole, and the verification of this
hypothesis by comparing it with the original features of the object
perceived. The more complex the object perceived, and the less familiar
it is, the more detailed this perceptional activity will be. (ibid. p. 240)*

En ce qui concerne l'acquisition du langage, il s'agit d'abord d'identifier ce qui est visible sur les images. Ce processus d'identification repose sur des concepts et des idées en langue maternelle, qui ne sont pas nécessairement formulés par celui qui reçoit le message. Ils jouent néanmoins un rôle central dans la perception. Ils sont l'instrument d'analyse du destinataire. Pour intervenir sur ce processus, qui peut éventuellement conduire à des identifications fausses, ou bien exclure certains rôles, objets ou actions non identifiables, il est important d'attirer l'attention des élèves sur des documents supplémentaires, en premier lieu sur ces passages ou ces extraits du document – du film, dans le cas du concept pédagogique *Vivre l'école* – qui mettent en lumière les éléments structurels de la réalité scolaire française en prenant l'exemple des personnes agissantes ou des lieux.

Les photos peuvent remplir ce rôle. En même temps, des mots et des phrases étrangers devraient être mis en relation avec les photos – selon la méthode d'un exercice d'attribution. Cet exercice devient difficile lorsque les représentations conceptuelles déjà présentes en langue maternelle perturbent l'identification. Cependant, la mise en relation d'une personne, ou de la désignation de sa fonction, avec certaines phrases d'action, dont on peut au moins deviner le sens, peut fournir des indications sur son rôle et sur sa fonction à l'intérieur du contexte institutionnel.

Pour sortir toutefois du domaine de la spéculation, il faut entreprendre une comparaison explicite avec sa propre réalité institutionnelle : la méthode consiste à entraver le désir de surmonter l'effet d'étrangeté dans la perception d'une réalité étrangère, par la mise à distance de sa propre réalité, afin d'éviter de fausses identifications. On peut ainsi se placer dans la perspective de la réalité étrangère, pour poser des questions à son propre environnement familier, questions qui déclenchent un processus de prise de conscience. La comparaison permet d'identifier des éléments porteurs de signification, qui peuvent servir de constituants d'un concept.

Les dénominations des personnes agissant au sein d'un contexte institutionnel dépendent de leur fonction. En outre, les différents systèmes de formation ainsi d'ailleurs que les

Exercice d'attribution

le conseiller principal d'éducation (CPE) ancien "surveillant général" ou "surgé"

ils n'enseignent pas

il surveille l'arrivée des élèves le matin

il surveille les élèves à la cantine pendant le déjeuner

il surveille les élèves qui font la queue devant la cantine à midi

il est responsable de la discipline

il contrôle les élèves en retard

Organigramme d'un lycée/collège

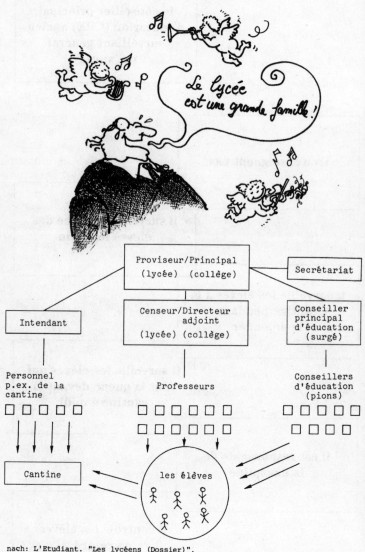

Le lycée est une grande famille !

Proviseur/Principal
(lycée) (collège)

Secrétariat

Intendant

Censeur/Directeur
adjoint
(lycée) (collège)

Conseiller
principal
d'éducation
(surgé)

Personnel
p.ex. de la
cantine

Professeurs

Conseillers
d'éducation
(pions)

Cantine

les élèves

nach: L'Etudiant. "Les lycéens (Dossier)".
No 16, septembre 1980, p.44

Pages 41-42 : Documents extraits de *Vivre   l'école*, Schöningh, 1988.

différents types d'écoles appartenant au même système – qu'on songe simplement à la réalité scolaire allemande, tributaire de différentes politiques de formation – confondent ou privilégient différentes fonctions : fonctions et personnes ne se correspondent donc pas toujours lorsqu'on compare un système à l'autre. C'est pourquoi on ne peut trouver de correspondance lexicale au même niveau. Ces correspondances ne peuvent être trouvées que si les différentes fonctions qui sont assumées par une personne peuvent, par l'analyse, être observées isolément. La reconnaissance et la désignation de ces fonctions dans le contexte étranger permettent à l'élève d'analyser la réalité scolaire qui lui est familière. Cela suppose cependant que différents faits au sein de son propre environnement puissent être amenés au niveau du concept, c'est-à-dire que certaines observations puissent être saisies de manière conceptuelle en langue maternelle et être ordonnées dans un système conceptuel reposant sur une certaine définition des problèmes sociaux. Les rapports hiérarchiques au sein d'une institution peuvent aussi être mis en évidence, par exemple au moyen d'un organigramme.

2.2.4. La comparaison fonctionnelle

Cette comparaison fonctionnelle mène à l'identification d'éléments structurels semblables, mais elle ne doit en aucun cas se limiter aux constantes abstraites du système. Au contraire, il est nécessaire de revenir au niveau empirique, et de se demander comment les porteurs de fonction (les acteurs) se comportent dans un cas concret. Plus on utilise d'exemples, plus il est facile de conclure à l'étendue des possibilités de comportement et des marges de manœuvre.

On aborde ainsi le rapport entre les définitions de rôles générales et les possibilités d'interpréter ou de remplir individuellement ces rôles et ces fonctions. Ce n'est qu'à partir de ce niveau qu'on peut parler de capacité d'anticipation, la reconnaissance de la fonction ou du rôle à l'aide d'un cas empirique devant accompagner la réponse à la question de savoir comment la personne concrète conçoit sa fonction ou son rôle, et en quoi cela est perceptible. C'est pourquoi il est essentiel de posséder des éléments permettant de reconnaître la structure ainsi que des points de repère pour comprendre comment cette structure est interprétée concrètement et individuellement dans la réalité étrangère.

Il s'agit par conséquent de rendre visible le processus de négociation de la signification à l'œuvre au sein d'une société, et d'acquérir la faculté de prendre part, en tant qu'étranger, à ce processus. Il devient alors possible de déclencher chez les interlocuteurs de la culture cible un processus de réflexion dans lequel les idées, les représentations, les modes de comportement, les conventions et les conceptions sont soumis à un questionnement critique. L'idéal serait que l'échange d'expériences permette de parvenir à de meilleures solutions, les deux parties constatant les carences de leurs structures et de leurs modes de comportement habituels et étant prêtes à les reconnaître.

Une description objective du système et de sa conceptualisation doit être complétée par des points de vue individuels ou spécifiques à des groupes, à l'égard du système et de la manière d'y agir (par exemple : rôle du professeur, relations élèves/professeur, relations parents/enfants, etc.). Les moyens linguistiques ne doivent pas se limiter à la description objectivante, mais doivent permettre d'articuler et de comprendre tout aussi bien des interprétations et des points de vue subjectifs, pour permettre de parvenir à une communication interhumaine substantielle.

La préparation à ces situations de communication devrait être exercée dans des jeux de rôles, afin d'obtenir une maîtrise et une exploitation concrète des implications linguistiques. Le désir d'aborder les situations et les hommes s'accroît – telle est notre hypothèse – avec le sentiment de confiance en ses propres moyens. Pour cette raison il apparaît indispensable d'appliquer l'outil conceptuel et linguistique à des situations concrètes et d'apprendre à utiliser les connaissances en dehors de la salle de classe[13].

---

(13) Des parties de ce texte sont déjà publiées *in* Gerighausen/Seel (ed.) 1987 : Aspekte einer interkulturellen Didaktik, Dokumentation eines Werkstattsgesprächs. Goethe Institut Munich 1987, sous le titre : G. Baumgratz-Gangl : *Das Unterrichtskonzept «Vivre l'école» als Beispiel für die Verknüpfung von Eigenerfahrung, Zugang zur fremden Wirklichkeit und Spracherwerb*, pp. 198-211. Article à paraître en langue anglaise, *in* Buttjes/Byram (ed.) 1990.

2.2.5. La grammaire...

La nécessité d'investir des contenus et des stratégies communicatives dans des situations concrètes fait naître le besoin d'une grammaire appropriée. L'élaboration et la mise à l'épreuve de nos concepts pédagogiques ont fait apparaître qu'une acquisition linguistique fondée sur la situation et sur l'action ne peut pas suivre la progression lexicale et grammaticale telle qu'elle est conçue dans la plupart des manuels. La conception de la progression linguistique, issue d'une démarche descriptive, n'est pas une réponse adaptée aux besoins d'un agir linguistique fondé sur la situation.

Le caractère descriptif et systématique de la grammaire, qui passe par l'utilisation d'un métalangage linguistique pour désigner certaines formes précises, par exemple le «conditionnel», fait paraître compliquées certaines formes d'expression, entre autres parce qu'elles ne sont pas classées selon leur emploi (*language use*), mais en référence au système formel de la langue (*language usage*, Widdowson 1978, 1987).

On pourrait parfaitement défendre la thèse selon laquelle une présentation formelle et systématique ne favorise pas du tout une acquisition des langues étrangères axée sur l'action, et qu'une grammaire orientée sur l'action proposerait une autre hiérarchie dans les degrés de difficulté qu'une approche descriptive. On peut illustrer cette idée par un exemple concret : dans un manuel d'enseignement du français assez répandu, le «conditionnel» n'est introduit qu'une fois que les élèves ont terminé l'échange. Or, s'il s'agit de questionner les «règles du jeu» en présence des personnes et des institutions, les élèves devraient être en mesure de formuler des propositions conditionnelles, par exemple du type : «que se passerait-il si ?»

De même, il ne semble pas absolument indispensable de désigner comme conditionnelles des tournures dans lesquelles s'expriment des jugements prudents (telles que, par exemple : «on dirait que»). On peut apprendre ces formules, et d'autres qui veulent dire à peu près la même chose, comme des expressions, qui dans certains contextes ont une fonction communicative et rhétorique particulière. Ainsi, on change leur niveau de difficulté pour les élèves débutants, .

sans exclure une mise au point systématique à un stade ultérieur de l'apprentissage.

Il serait certainement intéressant de pouvoir poursuivre la discussion sur une grammaire modale, qui pourrait faire le lien avec l'analyse des particularités culturelles de la rhétorique dans différents domaines sociaux. Il s'agirait alors d'une approche pragmatico-sémantique de la langue étrangère qui mettrait au premier plan les aspects rhétoriques du langage et de son usage. Une maîtrise plus grande de la langue étrangère et de son emploi dans des situations complexes, comme par exemple dans des colloques scientifiques, permet de constater que les scientifiques issus de différentes sociétés se servent, pour exposer les résultats scientifiques, de conventions rhétoriques différentes. Les élèves peuvent déjà prendre conscience de ces différences à un niveau relativement modeste dans les contextes qui les concernent.

L'analyse de la situation cible ne doit donc pas seulement mener à une représentation fidèle de la réalité elle-même, mais aussi à une représentation correcte de la langue utilisée dans cette réalité au moyen d'exemples authentiques. Cela concerne surtout les documents sonores qui sont utilisés dans le cours. Les enregistrements de studio, dans lesquels par exemple des conversations entre adolescents sont jouées par des adultes avec une accentuation et une lenteur artificielles, n'ont aucune place dans ce concept.

Les élèves doivent donc d'une part être préparés à la réception des différents régiolectes, sociolectes et langues de spécialités (par exemple en assistant aux cours) qu'ils peuvent rencontrer lors de leurs séjours et qu'ils devraient être en mesure de comprendre, afin de profiter de manière optimale de l'échange.

D'autre part, ils devraient pouvoir se situer vis-à-vis des partenaires de communication, ne pas se laisser déstabiliser outre mesure, et poursuivre leurs propres intérêts, c'est-à-dire pouvoir aussi, en tenant compte des circonstances, s'imposer jusqu'à un certain point, sans devoir renoncer à leurs propres valeurs.

C'est pourquoi l'acquisition de la langue étrangère exige

non seulement des documents représentant des formes de communication des étrangers du pays cible, mais aussi des documents qui représentent la communication entre des compatriotes et des locuteurs du pays cible. Ces documents présenteraient l'énorme avantage de thématiser une grande partie de l'implicite qui doit être lentement dégagé. Les interviews réalisées pour *Vivre l'école* par un professeur et un élève allemands avec des élèves français permettent de constater que les élèves français tiennent compte spontanément de la situation, qu'ils parlent plus lentement et qu'ils expliquent davantage que d'habitude. Cette attitude devrait, dans les situations de communication transnationale, être la reconnaissance normale du fait qu'un étranger s'efforce de s'exprimer dans la langue du pays.

C'est de cela qu'il est question dès qu'on veut donner à la notion d'interlangue un élargissement sémantique et l'intégrer à une stratégie de communication. Cela implique aussi une autre définition de l'objet : l'interlangue serait – sur une échelle très large représentant les différents niveaux de maîtrise de la langue et de connaissance du pays – la forme d'existence «normale» de la langue étrangère pour un locuteur appartenant à une autre communauté linguistique, jouant consciemment de son interlangue selon son niveau de progression actuel.

■ Sur le plan culturel, on impose aussi un usage linguistique plus réfléchi. Le rapport entre langage et réalité, entre vérité et erreur perd dans une certaine mesure son évidence coutumière. On prend mieux conscience du fait que la réalité est présentée à travers des moyens rhétoriques particuliers et des stratégies de communication. La compétence communicative interculturelle dans le domaine du management ambitionne explicitement cette prise de conscience[14].

Mais si le caractère éphémère de la connaissance devient plus évident, les objectifs de la connaissance sont, en revanche, plus précis, et les chemins de son acquisition se multiplient.

---

(14) Cf. Pierre Casse et Surinder Déol : *la Négociation interculturelle*. Chotard et associés, Paris, 1987, p. 13.

2.3. L'échange scolaire et les voyages d'études

Les expériences en matière d'échanges scolaires et de voyages d'études montrent que l'utilisation de ces situations pose des problèmes de méthode pour que le séjour apporte aussi un résultat positif sur le plan de l'apprentissage linguistique. Si l'on veut éviter que le séjour à l'étranger se limite à un regard assez superficiel porté «de l'extérieur» sur la réalité étrangère, il faut d'abord trouver les moyens d'établir une proximité avec la réalité et les hommes et inciter les élèves à s'investir dans la situation. On devrait d'abord se représenter la manière dont un groupe ressent une telle situation et l'influence qu'elle exerce (ou peut exercer) sur l'image de soi. L'individu est prêt à s'engager dans l'inconnu dès lors qu'il espère pouvoir s'affirmer dans la situation. Il doit par conséquent être capable d'accepter les échecs inévitables et de les analyser correctement.

2.3.1. Légitimer l'échange

L'individu a besoin d'être soutenu par une base légitimante, qui motive ses besoins et ses objectifs d'information et de communication vis-à-vis des partenaires potentiels dans la situation cible. Il est en effet très rare que le fait de se fier purement et simplement à une motivation intrinsèque ou à la curiosité pour légitimer la prise de contact avec les partenaires inconnus suffise psychologiquement et sur le plan communicatif à susciter une véritable participation à son projet. Il vaut beaucoup mieux que l'autre puisse aussi développer un intérêt authentique pour la rencontre. Il se crée à l'instant une base de coopération reposant sur un consensus implicite, chacun des partenaires sachant qu'il en tirera profit.

De quelle nature peuvent être ces stratégies de légitimation? La forme de légitimation qui aide le mieux l'individu est l'échange organisé. La présence dans le pays étranger n'a pas besoin d'être justifiée spécialement, et un certain objectif est en règle générale établi. Certes, la pratique montre que les conditions établies et négociées par les organisateurs ne correspondent pas forcément et autant que nécessaire aux objectifs cités précédemment. Comme c'est souvent le cas, les invités, à peine arrivés, se trouvent «évacués» de l'école d'accueil et «occupés» par des projets touristiques, au cours desquels ils sont à nouveau accompagnés par leurs propres professeurs.

Les exemples sont nombreux qui attestent que la présence d'élèves étrangers dans les cours est ressentie comme une gêne, qu'on essaie autant que possible d'éviter. Dans ces conditions, on peut aisément imaginer qu'un élève hôte aura bien du mal à satisfaire pleinement son désir de participer à l'enseignement à l'étranger, désir éveillé pendant les cours suivis dans son établissement.

Ainsi, pour que l'échange soit plus qu'un simple transit de classes scolaires, le terrain dans le pays d'accueil doit lui aussi être préparé en conséquence. Il existe certaines directives qui ont fait leurs preuves dans les programmes d'échanges fonctionnant bien et qu'on peut résumer aux principes suivants :
– tous les enseignants ayant à entrer en contact avec des élèves hôtes devraient en être informés ;
– la direction de l'établissement devrait soutenir activement l'échange ;
– les professeurs participant à l'échange, tant pour son organisation que pour sa réalisation, devraient se connaître autant que possible ;
– il faudrait faire un effort intensif pour expliciter à l'avance les attentes réciproques : l'expérience montre que pour que l'échange devienne intéressant pour les participants, il ne suffit pas de demander de manière très générale si les élèves pourront assister aux cours dans l'établissement d'accueil ;
– il serait souhaitable que les partenaires puissent négocier une procédure permettant aussi aux élèves de l'école d'accueil de tirer profit de la présence des élèves hôtes (cf. Alix/Kodron 1988). L'échange peut aussi contribuer à améliorer le cours de langue vivante du pays d'accueil. On pour-

rait par exemple, comme c'est déjà souvent le cas, demander aux élèves invités de présenter leurs propres impressions à leurs hôtes, sous forme de journaux muraux, d'affichages, de journaux, et, depuis la simplification des caméras vidéo, sous forme de films.

Au lieu de réserver ces documents aux rencontres avec les parents ou aux fêtes de l'établissement, ils pourraient aussi être préparés systématiquement en vue de servir de documents de base du cours de langue. Cela présenterait l'énorme avantage de permettre aux élèves de faire quelque chose pour les générations suivantes, en présentant leurs expériences de manière accessible à un groupe d'âge similaire avec un niveau linguistique équivalent. Le professeur se trouverait déchargé d'une partie du travail, et on susciterait ainsi un style d'apprentissage coopératif, dans lequel les élèves seraient d'une certaine manière coresponsables du processus d'apprentissage.

L'expérience de la production d'un film vidéo par les élèves, retracée dans le projet *Vivre l'école*, a montré que les élèves participant à la création du produit en apprennent plus que dans n'importe quel cours sur le lien entre langue, contenu et situation de communication. Il est bien connu que produire soi-même aiguise l'attention pour les caractéristiques essentielles du produit et de la réalité qui y est représentée. On favorise ainsi ce que Luria appelle l'attention «volontaire», condition essentielle, selon lui, à l'intégration de nouveaux contenus[15].

La création d'un tel produit serait une forme d'exercice idéale dans la perspective (dont nous empruntons la formulation à Galpérine) d'une «intériorisation d'actions extérieures» dans le but d'établir des orientations d'action et des stratégies de communication correspondantes.

2.3.2. Le voyage à l'étranger

Cela nous conduit à la deuxième forme organisée de rencontre avec la réalité étrangère dans le cadre du contexte

---

(15) *Par «attention volontaire», [...] nous entendons cet acte de genèse sociale, et de structure médiatement réflexive, dans lequel le sujet se soumet aux modifications du milieu dont il est l'auteur pour maîtriser ainsi son propre comportement.* Luria, *in* Hiebsch 1969, p. 510.

scolaire : le voyage d'étude. Cette activité scolaire n'a, elle aussi, souvent d'autre but que touristique[16]. L'enseignement du français est dominé par une image de «Paris en conserve». Le projet expérimental établi en 1985 et réalisé en mai 1986 sous ma direction à Paris[17] mettait à l'épreuve un procédé devant inciter les élèves, ainsi que les professeurs, à aborder la ville de Paris sous un jour nouveau.

Le voyage d'étude se transforma en projet de communication : l'objectif n'était pas la ville de Paris prise dans son ensemble, mais un quartier qui n'était pas précisé avant le début du voyage. Les élèves devaient enquêter sur ce quartier et le découvrir comme un espace où cohabitent les habitants et les passants, non pas selon une démarche scolaire habituelle, mais par une prise de contact avec les habitants et les passants. Le produit final, un film vidéo, n'avait qu'une valeur heuristique et méthodique, car l'essentiel résidait dans le processus de production. Mais ce produit final fournissait en même temps la légitimation nécessaire pour permettre aux élèves d'aborder des personnes en suscitant leur intérêt et leur volonté de coopérer.

Les élèves, qui devaient passer bientôt leur baccalauréat de français, se trouvèrent confrontés à des exigences de compréhension, d'utilisation de la langue étrangère, de maîtrise des tâches d'organisation et de communication les plus diverses, qui surpassaient ce qu'ils avaient connu auparavant. Notons qu'il s'est révélé très important pour eux de posséder une petite carte blanche qu'ils s'étaient confectionnée, sur laquelle était écrite en français leur mission, qui consistait à tourner un film pour leurs camarades en Allemagne, leur donnant le courage pour l'offensive et les aidant à surmonter leurs scrupules linguistiques. Cela éveillait en même temps un intérêt bienveillant chez les interviewés potentiels.

Le projet de produire un film à partir des images, des récits et des dialogues enregistrés sur place donna lieu au retour à une exploitation intensive de l'expérience et en par-

---

(16) Dans la formation continue des professeurs, il existe cependant des exceptions, telles que les cours «Erlebte Landeskunde» de l'Institut Goethe en Allemagne, destinés aux professeurs d'allemand étrangers et les «Außenlehrgänge» de l'Institut Ressois de formation permanente (HILF) en Grande-Bretagne et en France. Cf. aussi Morrow 1988, pp. 119-125.

(17) Voir avant-propos

ticulier à un travail sur le contenu du matériel (transcription, traduction, élaboration de textes allemands insérés sur la bande originale française, négociation de signification dans le groupe d'élèves, etc.), sans oublier le plus important : un contact durable avec cette ville, où se sont noués des liens d'amitié, et le désir de revenir et d'en découvrir davantage.

Sur le plan du contenu, le premier résultat de ce séjour parisien et de son exploitation par les élèves fut de les obliger à se confronter avec leurs propres préjugés projetés sur la réalité étrangère, parce que les personnes auxquelles ils exposaient explicitement ou implicitement ces conceptions ne voulaient pas les confirmer.

Des élèves allemands, âgés de dix-huit à vingt ans, venant d'une ville moyenne du Sud possédant un centre historique, marqués par la critique du caractère anonyme, oppressant et uniforme de la ville, ne pouvaient naturellement pas accepter de considérer les grands ensembles du 13e arrondissement comme un habitat humain. Mais ils durent finalement s'y résoudre, parce que les jeunes, tout comme les anciens, insistaient sur les nombreux avantages. Ils durent ainsi se faire lentement à l'idée que «vieux et idyllique» ne rime pas toujours avec «beau et habitable». Cette confrontation avec les prises de positions des habitants, divergentes des attentes des élèves, fut thématisée dans le film. Il est surprenant de constater que ce n'est pas le seul cas dans lequel le groupe d'élèves a reconnu explicitement ses malentendus, les a thématisés et les a enrichis des informations correspondantes. En ce sens, le film peut tout entier être regardé comme un dialogue entre les attentes des élèves, nourries de l'expérience de leur propre réalité, et la confrontation avec une réalité qui contredit ces attentes. Le film reflète à sa manière la dialectique d'une perception de l'étranger qui est prête à s'engager dans la réalité étrangère.

Partant du principe que les professeurs doivent eux aussi posséder suffisamment de courage et de motivation pour se charger d'une entreprise aussi conséquente, le même exercice fut proposé en parallèle, mais de manière tout à fait indépendante, à un groupe de professeurs de français. On devine que pour ces professeurs enseignant depuis de nombreuses années, la pression des ambitions, qu'ils s'étaient fixées eux-mêmes, était plus élevée, ne serait-ce que par le fait que les professeurs possédaient naturellement une compétence linguistique nettement supérieure à celle des élèves, et que les atteintes à leur conscience professionnelle furent ressenties de manière plus douloureuse. La surprise fut d'autant plus grande lorsque les professeurs parvinrent eux aussi aux limites de leur compétence linguistique, mais surtout de leur compétence en matière de contenu.

Si nous portons un regard critique rétrospectif sur cette expérience (accessible au public sous forme de film documentaire avec livret d'accompagnement, plus un film réalisé par les élèves et par les professeurs, cf. *Introduction*), il nous faut évoquer aussi un facteur qui a en partie entravé un approfondissement de l'expérience sur le plan de la civilisation. Pour le groupe des professeurs en particulier, la fixation sur le produit fut si dominante que des aspects intéressants découverts dans l'enquête menée avec l'appareil photo et le magnétophone à cassette furent sacrifiés au profit des ambitions esthétiques. C'est pourquoi ceux qui encadrent un tel projet doivent veiller à ce que le groupe ne perde pas de vue ses objectifs. Le danger est naturellement plus grand lorsqu'on tourne un film que lorsqu'on photographie ou qu'on enregistre.

Les objectifs culturels et communicatifs peuvent aussi bien être atteints à l'aide d'autres «produits». Les «sous-produits» nés de ce modèle, tels que par exemple une interview intéressante de Christiane Rochefort, furent ensuite préparés au même titre pour l'utilisation dans le cours de français.

Les produits filmés confirment aussi notre thèse sur l'influence des processus de socialisation vécus dans sa propre société sur la perception de l'étranger : ce qui intéressa les professeurs, sans doute en conséquence de leur formation philologique, ce fut des sujets essentiellement esthétiques, bien plus que les thèmes sociaux et économiques. Même lorsqu'ils abordent le monde du travail, ils ne choisissent que des artisans ou des artistes. L'empreinte des habitudes allemandes, par exemple, sur les problèmes concernant les conditions de logement, n'est pas thématisée par les professeurs, étonnés de ne rencontrer aucune *Bürgerinitiative*, association de citoyens et d'usagers rassemblés autour de la défense d'intérêts locaux pourtant spécifique à l'Allemagne !

C'est justement ce qui dans les films n'est pas thématisé qui confirme l'idée que sans un savoir préalable et une sensibilisation à la comparaison on n'accorde que peu d'attention à certains domaines essentiels pour les conditions de vie et les expressions de l'existence d'une population, tels que la communication, le monde du travail, l'organisation du travail quotidien, etc.

Ces types de projets ne sont donc pas dénués de présupposés – tout comme l'échange en général. Si la formation initiale et continue des professeurs ne prépare pas à la réalité de l'usage de la langue étrangère et aux dimensions de sa transmission, y compris par des dispositions pratiques, aucune expérience sur place ne pourra compenser suffisamment ces carences, aussi bien pour les élèves que pour les professeurs.

C'est pourquoi un développement conséquent d'une pédagogie de l'échange pour l'école, mais aussi pour la formation des professeurs, en particulier à l'horizon des programmes de mobilité européens (ERASMUS, LINGUA, etc.) qui visent à une multiplication des relations d'échanges et de coopération, est et restera une exigence prioritaire.

2.3.3. Un exemple de programme européen

Objectifs et méthodes des échanges prévus dans le cadre du programme européen de mobilité et de coopération LINGUA

Le programme LINGUA, voté en 1989, vise à améliorer les compétences des citoyens européens en langues étrangères ainsi que leurs connaissances socioculturelles des pays membres de la CEE. Comme les autres programmes européens d'éducation et de formation (COMETT et ERASMUS, adoptés en 1987), ce dernier entend répondre aux besoins en compétences de communication des citoyens du Grand Marché intérieur, qui garantit, entre autres, la libre circulation des personnes en possession d'un passeport d'un des pays membres de la CEE. Il est donc censé contribuer à forger une «identité européenne».

Pour atteindre cet objectif, le programme LINGUA propose cinq actions qui s'adressent à des groupes cibles différents :

LINGUA

Le programme LINGUA a été adopté par une décision du Conseil (89/489/CEE) du 28 juillet 1989, en tant que programme d'action visant à promouvoir les compétences en langues étrangères dans la Communauté Européenne. Ce programme dispose d'un budget de 200 millions d'ECUs. Son principal objectif, fixé par l'article 4 de la décision est l'amélioration qualitative et quantitative de la connaissance des langues étrangères en vue de développer les compétences en matière de communication à l'intérieur de la Communauté.

Les mesures communautaires aident à promouvoir la mise en œuvre des politiques adoptées par les Etats membres qui visent à :

• permettre au professeurs de langues étrangères en fonction d'améliorer leurs compétences professionnelles, notamment en effectuant des périodes de formation continue ou d'expérience professionnelle dans un Etat membre où est parlée la langue qu'ils enseignent,

• de permettre aux étudiants qui étudient les langues étrangères et en particulier, lorsque le système d'éducation et de formation d'un Etat membre le permet, aux futurs professeurs de langues étrangères, de passer une période reconnue de formation initiale, d'une durée d'au moins trois mois dans un Etat membre où est parlée la langue qu'ils étudient,

• d'encourager les partenaires sociaux, les organisations professionnelles et les établissements de formation continue à mettre en place des possibilités de développer les compétences linguistiques des travailleurs ; de même, développer la connaissance de langues étrangères dans le cadre de la formation initiale et continue,

• d'encourager les jeunes qui suivent des formations à caractère spécialisé, professionnel ou technique à participer à des programmes d'échanges s'appuyant sur des projets pédagogiques,

• de promouvoir l'innovation dans les méthodes d'enseignement des langues étrangères.

On remarque immédiatement l'exclusion de l'enseignement des langues au niveau de l'enseignement secondaire général : ce défaut de taille est dû au refus de deux pays membres, la Grande-Bretagne et l'Allemagne, d'inclure ce secteur clé de la scolarité pour des raisons financières, mais aussi politiques : ces deux pays se sont en effet montrés particulièrement inquiets d'une éventuelle ingérence de la Commission dans un secteur sensible de la politique intérieure, touchant notamment en Allemagne la compétence et la souveraineté des Länder en matière d'éducation. Il serait certainement souhaitable de réintroduire dans les actions de LINGUA ce secteur dont l'importance stratégique pour tout ce qui se passe au niveau de l'enseignement supérieur est évidente, et pour offrir aussi une qualification linguistique de base et des connaissances socioculturelles à la plus grande partie des jeunes (voir ci-dessus l'exemple de *Vivre l'école*).

En ce qui concerne l'action I – la formation continue des enseignants de langues vivantes –, le programme a pour but d'encourager les enseignants en exercice à s'approcher de la réalité des pays et sociétés dont ils enseignent la langue. Ils peuvent être ainsi confrontés à l'usage de cette langue dans le contexte de la vie quotidienne institutionnelle, éducative, politique, économique, sociale et culturelle.

Cette action entend donc sensibiliser davantage les enseignants au contexte socioculturel de l'acquisition et surtout de l'emploi des langues étrangères, trop longtemps négligé par les politiques de formation (cela englobe également les approches dites «communicatives» qui n'échappent pas à ce déficit pragmatique). Une formation axée dans la plupart des cas sur la littérature et la linguistique n'y est sans doute pas étrangère. Il faut encore y ajouter que les modifications apportées et les efforts fournis pour remédier à cette situation au niveau de la formation des enseignants de langues vivantes ne se traduisent que très lentement au niveau scolaire en raison du chômage des enseignants qui touche assez cruellement certains États de la Communauté. Le corps enseignant ne se renouvelle pas assez rapidement et les jeunes enseignants, mieux formés aux besoins exprimés dans de nombreux textes nationaux et européens, attendent souvent longtemps avant d'obtenir un poste. La formation continue des enseignants en activité devient donc une priorité.

En ce qui concerne les méthodes, le programme LINGUA partage avec les autres programmes d'éducation le concept général de «mobilité» géographique aux fins d'une mobilité intellectuelle. On pourrait même dire que le terme de mobilité représente la clé censée ouvrir l'esprit des personnes «mobiles» aux réalités économiques, politiques, sociales et culturelles des sociétés voisines, suscitant de manière quasi automatique une compréhension approfondie de ces réalités. Or, cette mobilité ne peut avoir l'effet escompté par les inventeurs du programme si les organisateurs et les futurs participants ne se familiarisent pas avec les conditions concrètes de cette mobilité concernant une réalité professionnelle qui varie d'un pays à l'autre. Comme nous l'avons vu sur l'exemple franco-allemand (voir les expériences de l'OFAJ), la mobilité ou l'échange en eux-mêmes ne sont qu'une condition nécessaire de cette ouverture et de cette compréhension, mais une condition qui est loin d'être suffisante.

L'action I de LINGUA se divise en deux actions considérées comme complémentaires :

• Stages de plusieurs mois des enseignants dans le pays dont ils enseignent la langue, notamment dans un établissement scolaire ou dans une institution de formation continue des enseignants de langues.

Afin de tirer le meilleur profit d'un tel séjour, l'enseignant ne devrait pas se contenter de se procurer une adresse et une bourse sans être informé de la situation cible et des conditions institutionnelles qui l'attendent. Les activités de l'enseignant et les tâches qu'il est censé remplir impliquent une confrontation entre ses habitudes professionnelles et les règles du jeu, les styles d'enseignement et les approches pédagogiques courantes dans le pays et l'institution cible. Chaque pays possède sa ou même ses cultures d'enseignement et de formation qui déterminent la légitimité du contenu et des approches pédagogiques en usage dans une discipline ainsi que la définition des relations entre l'enseignant et ses élèves/étudiants/enseignants en formation.

Imaginons quelques situations types qui, chacune, nécessitent une préparation spécifique :

– *Enseigner sa langue maternelle à l'étranger, dans un pays dont on enseigne normalement la langue dans son propre contexte scolaire :*

La compétence professionnelle d'un enseignant de langues vivantes ne lui permet pas *a priori* d'enseigner sa langue maternelle dans un contexte étranger sans tenir compte d'un certain nombre de circonstances non seulement pédagogiques, mais aussi et surtout extra-pédagogiques (historiques, politiques, économiques, culturelles) qui caractérisent la situation de sa langue maternelle dans le pays cible et influencent l'attitude des apprenants vis-à-vis du pays et de la langue qu'il représente en tant que *native speaker*. Les relations entre enseignant et apprenants sont toutes différentes dès qu'une langue et son contexte socioculturel sont présentés par un locuteur dont c'est la langue maternelle.

– Suivre des cours de formation continue en didactique des langues et/ou en civilisation :

Si ces cours de didactique des langues étrangères sont censés s'appliquer à n'importe quel enseignement de langues étrangères dans n'importe quelle langue, la spécificité culturelle du contenu de ces formations est sans doute peu affirmée, mais n'en est tout de même pas absente pour autant, parce que chaque communauté académique ou professionnelle peut incorporer ou adapter d'une façon différente ce qui est considéré comme un acquis internationalement reconnu dans la profession. Il serait certainement instructif d'observer l'histoire des approches dominantes à différentes époques et de suivre leur destin dans les différents pays : il suffit d'assister à une conférence internationale sur une thématique pédagogique reconnue internationalement comme centrale pour se rendre compte des différences d'interprétation et d'application qui relèvent de traditions et de règles institutionnelles différentes d'un pays à l'autre, mais qui restent dans la plupart des cas inconscientes.

• Les programmes de coopération entre les institutions de formation initiale et continue des enseignants de langues vivantes, qui représentent le deuxième volet de l'action I, devraient consacrer une bonne partie de leurs activités aux implications culturelles des conceptions et des pratiques professionnelles en vigueur dans les différents pays pour pouvoir en tenir compte lors de la conception méthodologique des stages, qui s'adressent à un public souvent international, ainsi que dans la conception et la mise en œuvre de nouveaux cursus d'autant que les partenaires ne disposent pas au départ des mêmes instruments ni des mêmes moyens financiers pour mettre en place une innovation.

Afin de mieux intégrer les aspects culturels, on pourrait proposer le modèle du «stage mutuel» qui a déjà été mis à l'épreuve dans plusieurs pays. Il s'agit d'une forme «adulte» d'échanges et d'approche socioculturelle dans laquelle les participants de deux pays présentent à tour de rôle des thèmes qui relèvent soit du contexte culturel, soit de la didactique des langues et les discutent dans des petits groupes «transnationaux». Chaque jour, les groupes changent de langue. Les expériences réalisées dans le cadre d'un projet concernant la formation continue des professeurs de français en Allemagne ont montré que les participants s'engagent beaucoup plus pour les contenus et pour les objectifs de la formation que dans les stages traditionnels qui se déroulent très souvent sous forme de conférences d'«experts». La confrontation de différents regards sur une même thématique fait ressortir plus facilement les différences d'interprétation, mais aussi les ressentiments ou les malentendus qui normalement restent plutôt inaperçus ou non exprimés. La discussion fait surgir non seulement les arguments, mais aussi les émotions qui peuvent être thématisées et analysées.

La politique des langues faisant partie de la politique étrangère de plusieurs pays de l'Europe de l'Ouest, notamment en Grande-Bretagne, en France, mais aussi en Allemagne et en Italie, l'enseignant qui participe à un stage offert par une institution représentant sa langue maternelle à l'étranger devrait être conscient des implications historiques, politiques mais aussi économiques d'une telle situation. Le programme LINGUA entend en effet promouvoir les langues peu enseignées au sein de la CEE et faire contrepoids aux trois grandes langues de la CEE, l'anglais, le français et l'allemand, qui bénéficient chacune d'un soutien soit gouvernemental, par l'intermédiaire du ministère de la Francophonie comme en France, soit par des institutions bien établies à l'étranger et dotées de moyens considérables comme le British Council, l'Institut Goethe, les Bureaux d'action linguistique des Instituts français, l'Alliance française, pour n'en citer que les principaux exemples.

Le contenu socioculturel des manuels et matériaux pédagogiques n'est donc pas tout à fait innocent et ce qui est jugé bon par l'établissement qui représente sa langue maternelle à l'étranger ne l'est peut-être pas forcément pour l'enseignant étranger et son pays d'origine. Cela pose bien entendu des problèmes particulièrement délicats dans les relations des pays européens avec des pays du tiers-monde, surtout s'il s'agit d'anciennes colonies. Ces réflexions devraient par ailleurs jouer un rôle dans le cadre du programme TEMPUS, voté en 1990 et qui veut aider les pays de l'Europe de l'Est et de l'Europe centrale à se restructurer et faciliter leur participation à des programmes de coopération avec les institutions éducatives de l'Europe de l'Ouest. Là aussi, il faut bien être conscient du fait que l'apprentissage des langues et surtout de langues de spécialités n'est pas uniquement un facteur de relations culturelles mais également politiques et surtout économiques.

L'action II de LINGUA concerne la mobilité des futurs enseignants de langues étrangères. Cette action, gérée par le Bureau ERASMUS, est conçue de la même façon que la mobilité des étudiants et des enseignants dans le cadre des Programmes interuniversitaires de coopération (PIC) dans ERASMUS.

Les étudiants qui partent dans le cadre d'un PIC effectuent un séjour de trois mois à un an, reconnu par leur université d'origine, dans une université étrangère qui fait partie du réseau. La reconnaissance de ce séjour par l'université d'origine permettra d'éviter un tourisme académique et une prolongation inutile des études. La reconnaissance présuppose que les qualifications acquises à l'université étrangère correspondent aux exigences du cursus de l'université d'origine. En ce qui concerne les étudiants de langues, la familiarisation avec la langue quotidienne aussi bien qu'avec la langue de spécialité dans les cours représente un des objectifs majeurs du séjour. C'est une des raisons pour lesquelles les étudiants de langues représentent depuis toujours la grande majorité des participants aux programmes d'échanges, ce qui est vrai aussi pour les échanges universitaires franco-allemands gérés par le DAAD (Office allemand pour les échanges universitaires).

Contrairement aux autres disciplines, les cursus philologiques ne posent pas de problème de légitimation ou même de motivation pour un séjour à l'étranger parce que l'utilité en est évidente pour tout le monde. Si toutefois ce séjour doit rapporter non seulement en termes de perfectionnement linguistique mais également en termes de qualification professionnelle du futur enseignant de langues dans l'enseignement scolaire ou extra-scolaire, il semble important de réfléchir sur certaines caractéristiques de la situation cible dont il faudrait tenir compte pour rendre le séjour profitable.

Le terme d'«université», utilisé dans les programmes LINGUA et ERASMUS, recouvre dans les faits un large éventail d'établissements du troisième cycle. Il s'agirait donc de se familiariser d'abord avec la structure de la formation des professeurs de langues dans le pays cible, l'organisation des études et la philosophie générale du cursus, les objectifs et les formations proposées par l'établissement cible qui peuvent être bien différents de ce qu'on est habitué à rencontrer chez soi. En Europe, tous les établissements de formation des futurs enseignants de langues vivantes n'intègrent pas la formation pédagogique à leur cursus : les départements philologiques en Allemagne par exemple se contentent dans la plupart des cas d'une initiation scientifique à la langue et à la littérature cible, la préparation plus spécifique à l'enseignement scolaire étant réservée à des établissements spécialisés de formation des professeurs, gérés directement par l'administration scolaire des *Länder*.

Si un étudiant français veut donc approfondir ses connaissances de l'allemand, il est mieux placé dans une université que dans une *Pädagogische Hochschule*, qui prépare plus spécifiquement à l'enseignement de la langue dans les établissements du premier cycle secondaire. Si ce même étudiant se déplace au Danemark, il peut se retrouver dans un établissement de formation de professeurs de langues où la formation à la pédagogie et à la didactique des langues fait partie du cursus. Comme la pédagogie et la didactique sont particulièrement liées à la philosophie éducative développée par une société au cours des années, il faudrait s'entraîner à une analyse comparée des systèmes et des philosophies éducatives dans son pays d'origine et dans le pays cible. Cette approche critique semble indispensable pour juger de la transférabilité des systèmes et des méthodes aux conditions régissant l'enseignement des langues dans le pays d'origine.

Mais tout enseignement comporte aussi un côté relationnel et donc une certaine philosophie de la personnalité. Les approches didactiques utilisées dans un contexte scolaire spécifique, pour ne pas être contre-productives, devraient s'adapter à la philosophie éducative générale de l'établissement. Les mêmes précautions seraient à respecter au niveau de l'échange des enseignants surtout dans les cas où ceux-ci enseignent leur matière dans leur langue maternelle à l'université étrangère.

Il en résulte que pour répondre aux objectifs établis par les initiateurs du programme, les PIC devraient respecter une certaine logique, préparant en particulier les conditions d'accueil des collègues et des étudiants d'une université partenaire, de sorte que l'échange soit profitable aussi bien pour les individus que pour les institutions et pour le développement d'une dimension européenne dans la formation des enseignants de langues vivantes.

BIBLIOGRAPHIE

ADORNO, Theodor W. (1971)
Ästhetische Theorie. Gesammelte Schriften 7. - Frankfurt/M. :
Suhrkamp 1971.

ADORNO, Theodor W. (1979)
Erziehung zur Mürdigkeit. - Frankfurt/M. : Suhrkamp 1979.

AEBLI, Hans (1969*)
"Zur Einführung". - In : Hiebsch, Hans (Hrsg.) : *Ergebnisse der
sowjetischen Psychologie.* - Stuttgart : Klett 1969.

ALIX et al. (1988)
Alix, Christian / Bahmann, Freimut / Baumgratz, Gisela / Béchaz,
Jean-Pierre / Bezler, Dietmund / Schrade, Magda : *Vivre l'école.*
Unterrichtskonzepte mit Schülermaterialien - Paderborn :
Schöningh 1988.

ALIX, Christian / KODRON, Christoph (1988)
Zusammenarbeiten - Gemeinsam Lernen. Deutsches Institut
für Internationale Pädagogische Forschung / Deutsch-
Französisches Jugendwerk 1988.

AMMER, Reinhard (1988)
*Das Deutschlandbild in den Lehrwerken Deutsch als
Fremdsprache.* - München : Iudicium 1988.

AMMON et al. 1987/1988
Ammon, Günther / Bense, Ulrike / Melde, Wilma / Wendt, Marei /
Zamzow, Manfred : *Le Languedoc Roussillon. Une région face
à l'Europe.* - Schülerband. - Paderborn : Schöningh 1987.
Lehrerband (1988).

ANHEGGER, Robert (1982)
"Die Deutschlanderfahrung der Türken im Spiegel ihrer Lieder.
Eine "Einstimmung". In : Birkenfeld, Helmut (Hrsg.) :
*Gastarbeiterkinder aus der Türkei. Zwischen Engliederung
und Rückkehr.* - München : C.H. Beck 1982.

APELT, Walter
Positionen und Probleme der Fremdsprachenpsychologie. -
Halle/Saale : VEB Max Niemeyer 1976.

AUERNHEIMER, Georg (1988*)
*Der sogenannte Kulturkonflikt. Orientierungsprobleme
ausländischer Jugendlicher.* - Frankfurt : Campus, 1988.

BAMME, Arno et al. (1983)
*Maschinen-Menschen. Mensch-Maschinen. Grundrisse einer
sozialen Beziehung.* - Reinbeck bei Hamburg : Rowohlt
Taschenbuch 1983.

BAUER, O. / KLEMM, K. / PARDON, H. (1980)
"Ergebnisse empirischer Schulforschung. Sekundarschulen auf
dem Prüfstand". - In : Rolff et al. : *Jahrbuch der
Schulentwicklung.* Bd. 1 - Weinheim : Beltz 1980.

BAUMGRATZ, Gisela (1980)
Fremdsprachenpolitik und Fremdsprachenunterricht im deutsch-französischen Dialog. - Berlin : Cornelsen-Verlhagen & Klasing 1980.

BAUMGRATZ, Gisela (1982a)
"Die Funktion der Landeskunde im Französischunterricht. Ergebnisse des Arbeitskreises" "Landeskunde" im Projekt "Frankreichkunde im Französischunterricht" des Deutsch-Französischen Instituts Ludwigsburg". - In : *Praxis des neusprachlichen Unterrichts 29* (2), April-Juni 1982.

BAUMGRATZ, Gisela (1982b)
"Die Grenzen des Englischen als internationaler Verkehrssprache". - In : *Zielsprache Englisch* 12 (1), 1982.

BAUMGRATZ, Gisela et al. (1982)
Robert Bosch Stiftung/Deutsch-Französisches Institut : *Fremdsprachenunterricht und internationale Beziehungen. Stuttgarter Thesen zur Rolle der Landeskunde im Französischunterricht.* - Gerlingen : Bleicher 1982.

BAUMGRATZ, Gisela / NEUMANN, Wolfgang (1980)
"Der Stellenwert des Vergleichs im landeskundlich orientierten Fremdsprachenunterricht". - In : *Jahrbuch Deutsch als Fremdsprache.* - Heidelberg : Groos 1980.

BAUMGRATZ, Gisela / Stephan, Rüdiger (1987)
Fremdsprachenlernen und internationale Beziehungen. Inhaltliche und organisatorische Perspektiven der Lehrerfortbildung in Europa. - München : Iudicium, 1987.

BAUMGRATZ, Gisela (1988)
"Fünf Thesen zum Thema : Universitäre Landeskunde als kulturvergleichende Sozialisationsforschung". - In : *Text und Kontext*, Sonderreihe Bd. 24, Landeskunde im universitären Bereich. Kopenhagen 1988.

BAUMGRATZ-GANGL, Gisela (1987)
"Das Unterrichtskonzept "Vivre l'école" als Beispiel für die Verknüpfung von Eigenerfahrung, Zugang zur fremden Wirklichkeit und Spracherwerb". - In : Gerighausen/Seel (Hrsg.) (1987).

BAUMGRATZ-GANGL, Gisela (1989)
En collaboration avec Nathalie Deyson : *La mobilité des étudiants en Europe. Conditions linguistiques et socio-culturelles.* - Studie für die EG-Kommission, Luxembourg : Office des publications officielles des Communautés européennes, 1989. Veröffentlichung in englischer Sprache im Druck.

BAUMGRATZ-GANGL, Gisela (1989)
"Neue Bedingungen und Möglichkeiten des allgemeinen und fachbezogenen Fremdsprachenerwerbs im Rahmen von Hochschulkooperationsprogrammen". - In: *Jahrbuch Deutsch als Fremdsprache*. - München: Iudicium 1989.

BAUSCH, Karl-Richard / CHRIST, Herbert / HÜLLEN, Werner / KRUMM, Hans-Jürgen (1989) *Handbuch Fremdsprachenunterricht*. - Tübingen: Francke 1989.

BAUSINGER, Hermann (1983)
"Freier Informationsfluß? Zum gesellschaftlichen Stellenwert der neuen Medien". - *Zeitschrift für Pädagogik*.

BLOCH, Ernst (1959)
Das Prinzip Hoffnung. 3 Bde. - Frankfurt/M.: Suhrkamp 1959.

BOCK, Hans-Manfred (1974)
"Zur Neudefinition landeskundlichen Erkenntnisinteresses". In: Picht, Robert et al. *Perspektiven der Frankreichkunde. Ansätze zu einer interdisziplinär orientierten Romanistik.* - Tübingen: Niemeyer 1974.

BOFINGER, Jürgen (1977)
Schullaufbahnen im gegliederten Schulwesen und ihre Bedingungen. Eine empirische Untersuchung. - München: Ehrenwirth 1977.

BORNEMANN, Ernst (1981)
"Strategien zur Humanisierung der Gesellschaft. Ansätze zu empirischen Untersuchungen im Sinne des "action research". In: *Politische Vierteljahresschrift*, Sonderheft 12, 1981.

BOURDIEU, Pierre / GROS, François (1989)
"Principes pour une réflexion sur les contenus de l'enseignement". - *Le Monde de l'Education*, avril 1989.

BRAVERMANN, Harry (1977)
Die Arbeit im modernen Produktionsprozeß. - Frankfurt/M.: Campus 1977.

BRÜCKNER, Peter (1984)
Vom unversöhnlichen Frieden. Aufsätze zur politischen Kultur und Moral. - Berlin: Wagenbach 1984.

BUTTJES, Dieter / BYRAM, Michael (1990)
Mediating language and culture. Towards an intercultural theory of foreign language education. - Clevedon / Avon: Multilingual Matters, 1990.

BYRAM, Michael (1989)
Cultural Studies in Foreign Language Education. - Clevedon / Avon: Multilingual Matters 1989.

CANETTI, Elias (1984)
Die Stimmen von Marakesch. Aufzeichnungen nach einer Reise. - Frankfurt/M. : Büchergilde Gutenberg 1984.

CASSE, Pierre / DEOL, Surinder P.S. (1987)
La négociation interculturelle. - Paris : Chotard et associés 1987.

CHRIST, Herbert (1980*)
Fremdsprachenunterricht und Sprachenpolitik. - Stuttgart : Klett-Cotta 1980.

DEMORGON, Jacques (1989)
L'exploration interculturelle. Pour une pédagogie internationale. - Paris : Armand Colin 1989.

DER THIAM, Iba (1982)
"Internationale und regionale Probleme Schwarzafrikas". - In : Frankreich und die Bundesrepublik Deutschland im Spannungsfeld der Nord-Süd-Beziehungen. *Dokumente Sonderheft*, Juli 1982.

DIETRICH, Reinhard / HELOURY, Michèle (1990)
Le regard de l'autre. Les relations franco-allemandes à travers la presse contemporaine. - Paderborn : Schöningh 1990.

DUBAR, Claude (1991)
La socialisation. Construction des identités sociales et professionnelles. Paris : Armand Colin 1991.

ECO, Umberto (1988)
Sémiotique et philosophie du langage. Paris : PUF 1988.

FEND, Helmut et al. (1976)
Sozialisationseffekte der Schule. Soziologie der Schule II. - Weinheim : Beltz 1976.

FEND, Helmut (1977)
Schulklima : Soziale Einflußprozesse in der Schule. Soziologie der Schule III, 1. - Weinheim : Beltz 1977.

FEND, Helmut (1979)
Gesellschaftliche Bedingungen schulischer Sozialisation. Soziologie der Schule I. - Weinheim : Beltz 1979.

FEND, Helmut (1980)
Theorie der Schule. - München : Urban & Schwarzenberg 1980.

FROMM, Erich (1971)
"Psychoanalyse und Zen-Buddhismus". - In : Fromm/Suzuki/De Martino : *Zen-Buddhismus und Psychonanalyse.* - Frankfurt/M. : Suhrkamp 1971.

GALPERIN, Pjotr. J. (1980)
Zu Grundfragen der Psychologie. - Köln : Pahl-Rugenstein 1980.

GALPERIN, Pjotr J. (1969)
"Die Entwicklung der Untersuchungen über die Bildung geistiger Operationen". In : Hiebsch. *Ergebnisse der sowjetischen Psychologie.* - Stuttgart : Klett 1969.

GAMM, Hans-Jochen (1983)
Materialistisches Denken und pädagogisches Handeln. - Frankfurt/M. : Campus 1983.

GANGL, Manfred (1988)
"Un Friedrich Sieburg peut en cacher un autre". - In : *Allemagnes d'aujourd'hui,* N° 105, juillet - septembre 1988, Numéro spécial : Les arrières-plans idéologiques des relations franco-allemandes entre les deux guerres.

GERIGHAUSEN, Joseph / SEEL, Peter (1987)
Aspekte einer interkulturellen Didaktik. Dokumentation eines Werkstattgesprächs. München : Goethe-Institut 1987.

VON GIZYCKI, Horst (1981*)
"Fraternität. Notizen zur Sozialpsychologie alternativer Lebensformen". - In : Klages, Helmut/Kmieciak, Peter *Wertwandel und gesellschaftlicher Wandel.* - Frankfurt/M. : Campus 1981.

GLASER, Helmut (1984*)
"Das Kohlsyndrom oder die Kunst, im Schaumteppich wieder festen Grund zu finden". - In : *Frankfurter Rundschau,* 17.11.1984, S. ZB2. Gekürzter Vordruck aus der Zeitschrift "L'80", Heft 32, Nov. 1984. 1984, Themenschwerpunkt : "Literatur und Macht".

GRAUMANN, C.F. (Hrsg.) (1972)
Sozialpsychologie. 2 Halbbände. - Göttingen : 1972.

GSTETTNER, Peter (1980)
"Biographische Methoden in der Sozialisationsforschung". - In : Hurrelmann, Klaus/Ulich, Dieter : *Handbuch der Sozialisationsforschung.* - Weinheim : Beltz 1980.

HABERMAS, Jürgen (1985)
Neue Unübersichtlichkeit. - Frankfurt : Suhrkamp 1985.

HABERMAS, Jürgen (1977)
Legitimationsprobleme im Spätkapitalismus. Frankfurt/M. : ed. suhrkamp 1977.

HABERMAS, Jürgen (1975)
Strukturwandel der Öffentlichkeit. - Neuwied/Berlin : Luchterland 1975.

HABERMAS, Jürgen (1968)
Technik und Wissenschaft als Ideologie. - Frankfurt/M. : ed. suhrkamp 1968.

HAUPT, Heinz-Gerhard (1974)
Nationalismus und Demokratie. Zur Geschichte der Bourgeoisie im Frankreich der Restauration. - Frankfurt/M.: Athenäum Fischer Taschenbuch Vlg. 1974.

HIEBSCH, Hans (1969)
Ergebnisse der sowjetischen Psychologie. - Stuttgart: Klett 1969.

HILLINGEN, Wolfgang (1976)
Zur Didaktik des politischen Unterrichts I. Wissenschaftliche Voraussetzungen - Didaktische Konzeptionen - Praxisbezug. Ein Studienbuch. - Opladen: Leske + Budrich 1976.

HORKHEIMER, Max / ADORNO, Theodor W. (1971)
Dialektik der Aufklärung. - Frankfurt/M.: Fischer Taschenbuch 1971.

HURRELMANN, Klaus / ULICH, Dieter (1980)
Handbuch der Sozialisationsforschung. - Weinheim: Beltz 1980.

JAEGGI, Urs / FAßLER, Manfred (1982*)
Kopf und Hand. Das Verhältnis von Gesellschaft und Bewußtsein. - Frankfurt/M.: Campus 1982.

JANNIC, Hervé (1984)
"Les champions de la reprise. La guerre mondiale des industries" in *L'Expansion* n° 248.

JOAS, Hans (1980)
"Rollen-und Interaktionstheorien in der Sozialisationsforschung". - In: Hurrelmann/Ulich 1980.

JULIEN, Claude (1989)
"Le temps des ruptures". In: *Le Monde diplomatique*, mai 1989.

KLIETZKE, Dietrich (1983)
"Video - das Freizeitmedium Nr. 1 für die türkische Bevölkerung". - In: *Televisionen - Medienzeiten: Beiträge zur Diskussion um die Zukunft der Kommunikation.* Projekt "Technik und Massenmedien" an der TU Berlin, hrsg. v. Siegfried Zielinski. - Berlin: Express Edition 1983.

KLUGE, Alexander (1983*)
Bestandsaufnahme: Utopie Film. Zwanzig Jahre neuer deutscher Film / Mitte 1983. - Frankfurt/M.: Zweitausendeins 1983.

KOHLBERG, Lawrence (1987)
"Moralische Entwicklung und demokratische Erziehung" in: Lind, Georg / Raschert, Jürgen: *Moralische Urteilsfähigkeit. Eine Auseinandersetzung mit Lawrence Kohlberg*, Weinheim: Beltz 1987.

KON, Igor S. (1983)
Die Entdeckung des Ichs. - Köln : Pahl-Rugenstein 1983.

KOSTJUK, G. S. (1969)
"Fragen der Denkpsychologie". - In : Hiebsch 1969.

KROVOZA, Alfred (1976)
Produktion und Sozialisation. - Frankfurt/M. : EVA 1976.

LADMIRAL, Jean-René / LIPIANSKY, Edmond Marc (1989)
La communication interculturelle. - Paris : Armand Colin
1989.

LEMAITRE, Philippe (1989)
Interview de Mme Papandreu, Commissaire européen chargé de
la formation. - Propos recueillis par Philippe Lemaître. - *Le
Monde*, Campus/Europe, 2 mars 1989.

LE MONDE DIPLOMATIQUE : La paix des grands - l'espoir des
pauvres. - *Manières de voir* 4, Février 1989.

LEONTJEW, Alexej Nikolajewitsch (1977).
Probleme der Entwicklung des Psychischen. - Kronberg /
Taunus : Fischer Athenäum 1977.

LEWANDOWSKI, Theodor (erw. Aufl. 1979)
Linguistisches Wörterbuch 1. - Heidelberg : Quelle & Meyer
1979.

LIEGLE, Ludwig (1980*)
"Kulturvergleichende Ansätze in der Sozialisationsforschung". -
In : Hurrelmann/Ulich 1980.

LIND, Georg / Raschert, Jürgen (1987)
*Moralische Urteilsfähigkeit. Eine Auseinandersetzung mit
Lawrence Kohlberg*, Weinheim : Beltz, 1987.

LIST, Gudula (1981*)
Sprachpsychologie. - Stuttgart : Kohlhammer 1981.

LISTON, David / Reeves, Nigee (1985)
Business Studies, Languages and overseas. - Trade 1985.

LOTMAN, Jurij M. (1973)
Die Struktur des künstlerischen Textes. - Frankfurt : edition
suhrkamp 1973.

LUDEMANN, Thomas in : Wygotski 1979, p. XXIII (introduction).

LUKÀCS, Georg (1972*)
Ästhetik II. - Neuwied : Luchterhand 1972.

LURIJA, A. R. (1969)
"Die Entwicklung der Sprache und die Entstehung psychischer
Prozesse". - In : Hiebsch (1969).

LURIA, A.R. (1973)
The Working Brain. An Introduction to Neuropsychology -
Harmondsworth/Middlesex 1973.

LURIA, A. R. / JUDOVICH F. (1978)
*Speech and the Development of Mental Processes in the
Child*, first published in the USSR 1956, Translated into English
1959, Reprint. Penguin Education, Penguin Books Ltd,
Harmondsworth/Middlesex : 1978.

MELDE, Wilma (1988/89)
*La jeunesse face à l'enseignement. Le système éducatif entre
sélection et démocratisation.* - Paderborn : Schöningh 1988,
Schülerband, Lehrerband (1989).

MELDE, Wilma (1987)
*Zur Integration von Landeskunde und Kommunikation im
Fremdsprachenunterricht.* - Tübingen : Gunther Narr.

MELENK, Hartmut (1980)
"Semiotik als Brücke". - In : *Jahrbuch Deutsch als
Fremdsprache.* - Heidelberg : Groos 1980.

MITTER, Wolfgang (1987)
Schule zwische Reform und Krise. - Köln : Böhlau 1987.

MORROW, Keith (1988)
"Culture and EFL - an in-Britain Perspective". - In : AUPELF/The
British Council/Goethe-Institut : *Interkulturelle Kommuni-
kation und Fremdsprachenlernen* (= Triangle 7), Paris :
Didier Erudition, 1988.

MUMFORD, Lewis (1970)
Mythos der Maschine. Kultur, Technik und Macht. Die
umfassende Darstellung der Entdeckung und Entwicklung der
Technik. - Frankfurt/M. : Fischer Taschenbuch 1970.

OBUCHOWSKI, Kasimierz (1982*)
*Orientierung und Emotion. Ein grundlagentheoretischer
Beitrag zur psychischen Handlungsregulation.* - Köln : Pahl-
Rugenstein 1982.

OELMÜLLER, Willi (1981*)
"Zur historischen und systematischen Rechtfertigung von
Menschenrechten". - In : Klages, Helmut/Kmieciak, Peter :
Wertwandel und gesellschaftlicher Wandel. - Frankfurt/M. :
Campus 1981.

OFFE, Claus (1972)
Strukturprobleme des kapitalistischen Staates. - Frankfurt/
M. : Suhrkamp 1972. Hier : ed. suhrkamp 1975.

OFFE, Claus (1975)
"Bildungssystem, Beschäftigungssystem und Bildungspolitik - Ansätze einer gesamtgesellschaftlichen Funktionsbestimmung des Bildungswesens". - In : Roth, H. : *Perspektiven, Prioritäten*, Teil 2, 1975.

OFFE, Claus (1975a)
Berufsbildungsreform. Eine Fallstudie über Reformpolitik. Frankfurt/M. : edition suhrkamp 1975.

OLDEMEYER, Ernst (1981)
"Zum Problem der Umwertung von Werten". - In : Klages, Helmut/Kmieciak, Peter : *Wertwandel und gesellschaftlicher Wandel.* - Frankfurt/M. : Campus 1981.

OTTOMEYER, Klaus (1980)
"Gesellschaftstheorien in der Sozialisationsforschung". - In : Hurrelmann/Ulich, 1980.

PASIERBSKY, Fritz (1983)
Krieg und Frieden in der Sprache. - Frankfurt/M. : Fischer Taschenbuch 1983.

ROTH, Leo (1980)
Handlexikon zur Erziehungswissenschaft. Bd. 1 : Arbeitslehre - Hochschule, Bd. 2 : Informationstheorie - Zweiter Bildungsweg Gesamtregister - Reinbek bei Hamburg : rororo 1980 (Taschenbuchausgabe des bei Ehrenwirth, München 1976 erschienenen Handbuchs).

SCHMITZ, Ulrich (1978)
Gesellschaftliche Bedeutung und sprachliches Lernen. Entwürfe für eine tätigkeitsbezogene Semantik und Didaktik. - Weinheim : Beltz 1978.

SCHUMANN, Adelheid (1986/1988)
Etre Français - Rester Breton. A la recherche de l'idendité culturelle. Schülerband. - Paderborn : Schöningh 1986. Lehrerband 1988.

STEINKAMP, Günther (1980)
"Klassen - und schichtenanalytische Ansätze in der Sozialisationsforschung". - In : Hurrelmann/Ulich, 1980.

THOMPSON, E.P. (1980)
Das Elend der Theorie. Zur Produktion geschichtlicher Erfahrung. Frankfurt/M. : Campus 1980.

THOMPSON, E.P. (1972)
The Making of the English working class. - Harmondsworth, Middlesex (England) : Penguin Books Ltd. 1972.

ULLRICH, Otto (1977)
Technik und Herrschaft. Vom Hand-Werk zur verdinglichten Blockstruktur industrieller Produktion. - Frankfurt/M. : Suhrkamp 1977; Taschenbuch WIssenschaft 1979.

VESTER, Michael (1970)
Die Entstehung des Proletariats als Lernprozess. - Franfurt/M. : EVA 1970.

WANDRUSKA, Mario (1979*)
Die Mehrsprachigkeit des Menschen. - Munich 1979, p. 13.

WASSER, Harmut (1982)
"Aktuelle Anmerkungen zur Misere politischer Bildung in der Bundesrepublik". - In : *Beilage zur Wochenzeitung "Das Parlament"*, Nov. 1982.

WEEDON, Chris et al. (1980)
"Introduction to Language Studies at the Centre". - In : Hall, Stuart et al. : *Culture, Media, Language.* - London : Hutchinson in association with the Centre for Contemporary Cultural Studies, University of Birmingham, 1980.

WIDDOWSON, Henry (1978)
Teaching Language as Communication. Oxford : Oxford University Press 1978.

WIDDOWSON, Henry (1987)
A Rationale for Language Teacher Education. - Strasbourg : Council for Cultural Cooperation 1987.

WILLIAMS, Raymond (1961*)
Culture and Society, Penguin 1961.

WYGOTSKI, Lew Semjonowitsch (1979)
Denken und Sprechen. - Frankfurt : Fischer Taschenbuch 1979.

* Les citations extraites de ces ouvrages ont été traduites par nos soins.

European Journal of Education

Editée par l'Institut Européen d'Education*, cette revue
trimestrielle fait le point sur les dernières recherches
dans le domaine de l'éducation partout en Europe.

Des numéros récents ont été consacrés à des thèmes
tels que les tendances dans l'éducation sur l'environnement
et la coopération entre l'université et l'industrie.

Dans le courant de 1993,
le **European Journal of Education**, qui paraît en anglais,
publiera un numéro sur les langues et les cultures en Europe.

Pour tout renseignement sur les abonnements,
veuillez vous adresser à :

Carfax Publishing Company
P.O. Box 25
Abington
Oxfordshire OX143UE
Angleterre

* c/o Université de Paris IX-Dauphine,
Place du Maréchal de Lattre de Tassigny, 75116 Paris

Publicité

Imprimé en France par I.M.E. - 25110 Baume-les-Dames
Dépôt légal n° 0819 -10/1992
Collection n° 21 - Édition n° 01
15/4863/5